उपन्यासों के सरोकार

[आलोचना]

उपन्यासों के सरोकार

डॉ. ई. विजय लक्ष्मी

राधाकृष्ण

नयी दिल्ली पटना इलाहाबाद

ISBN : 978-81-8361-523-5

उपन्यासों के सरोकार

पहला संस्करण : 2012

मूल्य : ₹ 250

प्रकाशक

राधाकृष्ण प्रकाशन प्राइवेट लिमिटेड

7/31, अंसारी मार्ग, दरियागंज, नई दिल्ली-110 002

शाखाएँ : अशोक राजपथ, साइंस कॉलेज के सामने, पटना-800 006

पहली मंजिल, दरबारी बिल्डिंग, महात्मा गांधी मार्ग, इलाहाबाद-211 001

वेबसाइट : www.radhakrishnaprakashan.com

ई-मेल : info@radhakrishnaprakashan.com

आवरण : राधाकृष्ण स्टूडियो

मुद्रक

बी.के. ऑफसेट

नवीन शाहदरा, दिल्ली-110 032

UPANYASON KE SAROKAAR

Criticism by Dr. E. Vijay Lakshmi

वनस्थली की अपनी सभी मित्रों को

सरोकारों का सरोकार...

यह मेरी दूसरी समीक्षा कृति है और इसके अधिकांश आलेख पिछले चार वर्षों के दौरान तैयार हुए हैं। मेरे जैसे अध्येता के लिए यह कालावधि भूमंडलीकरण के प्रभाव की सबसे भयावह अवधि रही है। वह इसलिए कि विश्व व्यवस्था के इस नए परिवर्तन का प्रभाव अपने विविध रूपों के साथ खुलकर सामने आने लगा है; यहाँ तक किउसने वैचारिक धरातल से नीचे उतरकर जमीनी सच्चाई को प्रभावित करना शुरू कर दिया है। खेतों में फसल बोने से पहले किसान भूमंडलीकृत बाजार के दबावों के खौलते पानी में उबले बीजों को एकटक देखता है, मजदूर अपने श्रम का मूल्य पाने के लिए रीढ़ सीधी करने की हिम्मत करता है और अगले ही क्षण समझौते की आग में झुलसने के लिए तैयार हो जाता है। इस दौर का मध्य-वर्ग अपने अस्तित्व की घोषणाएँ करता हुआ भी अपने को आँधियों की धूल में विलीन होने से नहीं रोक पाता। बहुराष्ट्रीय कम्पनियाँ आदमी की भाषा लिखने लगी हैं और आदमी उस भाषा को अपनी निजी भाषा कहकर प्रयोग करने को अभिशप्त है। इस आदमी को हर क्षण विज्ञापन के बोर्ड पर टँगा हुआ देखा जा सकता है। अक्सर वह दृश्य-प्रचार माध्यमों में अपनी तसवीर लिए होता है और श्रव्य प्रचार माध्यम उसे ध्वनि तरंगों में बदलकर अपने अनुसार ढालने की जद्दोजहद में लगे हुए हैं। आज का आदमी एक ऐसे दौर से गुजर रहा है जिसमें इतिहास और संस्कृति ही नहीं बल्कि वर्तमान से भी उसका रिश्ता अरूप होता चला जा रहा है। यह कम दुर्भाग्य की बात नहीं है कि इतिहास, विचार और साहित्य से लेकर मूल्यों तक की घोषणाएँ की जा रही हैं और हम उन घोषणाओं की वास्तविकता को परखने के बदले उनकी व्याख्या और बहस के लम्बे-चौड़े आयोजन करने में लगे हुए हैं।

इस दौर में स्त्री, दलित और जनजातीय समाज लगातार बहस के केन्द्र में अपनी जगह बना रहे हैं। माना जा रहा है कि यह उत्तराधुनिकता से प्रेरित एक ऐसी परिघटना है, जिसमें पूरी सक्रियता के साथ जड़ों की ओर लौट रहे हैं तथा विकेन्द्रित परिस्थितियों का निर्णय करके अपने यथार्थ को समझने की कोशिश कर रहे हैं। स्त्री, दलित और जनजाति तीनों ने ही पूरी व्यवस्था के सामने कुछ असहज सवाल खड़े कर दिए हैं, जिनमें कुछ इन

वर्गों की पहचान से जुड़े हैं और कुछ इनकी स्वाधीनता, निर्णय के सम्मान और इनके स्वीकार से सम्बन्धित हैं। इन असंख्य सवालों पर भव्य आयोजनों में बहसें चल रही हैं। बड़ी-बड़ी परिचर्चाएँ हो रही हैं और असंख्य पृष्ठ लिखे जा रहे हैं।

इसी सब के चलते पिछले वर्षो में मैंने विचार के स्तर पर अपने को सक्रिय भी अनुभव किया और परेशान भी। मुझे सोचने के लिए नए-नए रास्ते दिखाई दिए हैं और सवालों के उत्तरों की खोज ने बार-बार मुसीबत में डाला है। इस ग्रंथ में पाठकों को ऐसे अनेक अवसर मिल जाएँगे, जहाँ वे मेरी मनोदशाओं को उस रूप में अनुभव कर सकेंगे, जिसमें मैंने अनुभव किया है। आलेखों के सम्बन्ध में कुछ भी कहना जरूरी नहीं है क्योंकि उनकी उपस्थिति और महत्ता पाठकों के बौद्धिक जगत में होनेवाली प्रतिक्रियाओं से प्रमाणित होगी।

ई. विजय लक्ष्मी

विषय सूची

उपन्यास से उपन्यास तक

साहित्य की आधुनिक विधाओं में उपन्यास एक ऐसी विधा है, जिसने जीवन से अपने जुड़ाव के कारण बहुत शीघ्र लोकप्रियता प्राप्त कर ली। इसके द्वारा मनुष्य और समाज से जुड़ी हुई विभिन्न घटनाओं को इस रूप में प्रस्तुत किया जाने लगा कि जिससे जीवन के विविध पक्ष एक साथ जीवन्त हो उठे। डॉ. भगीरथ मिश्र ने माना कि-''युग की गतिशील पृष्ठभूमि पर सहज शैली में स्वाभाविक जीवन की एक पूर्ण व्यापक झाँकी प्रस्तुत करने वाला गद्य-काव्य उपन्यास कहलाता है। नाटक,महाकाव्य और उपन्यास जीवन की परिस्थितियों एवं चिन्ताओं से युक्त जीवन को सम्पूर्ण रूप में व्यक्त करते हैं। परन्तु इन तीनों में सुकर और प्राकृतिक रूप उपन्यास का ही है। इसमें लेखक अत्यन्त स्वच्छन्द होकर अपने हृदयपटल पर पड़े हुए जीवन के जीते-जागते चित्रों को प्रस्तुत करता है।'' उपन्यास जीवन से और जीवन यथार्थ से जुड़ी हुई विधा है। गद्य में इसके समान अन्य कोई विधा नहीं है,जो इतने सहज रूप में साधारण जीवन के साथ-साथ जटिलता भरे जीवन को भी चित्रित कर सके। इस तथ्य को डॉ. जवाहर सिंह ने ध्यान में रखते हुए उपन्यास के स्वरूप के बारे में कहा है-''जब तक किसी कृति में जीवन के साथ यथार्थ का सम्बन्ध न हो तब तक वह कथा-साहित्य की कोई और विधा भले ही बन जाए,पर वह उपन्यास कभी नहीं बन सकती। उपन्यास के विषय विस्तार की कोई सीमा नहीं है। मानव जीवन की ही तरह यह भी निःसीम, व्यापक, परिवर्तनीय, वैविध्यपूर्ण और चीर नूतन है।'' उपन्यास का सैद्धान्तिक विश्लेषण करते समय इस बात का ध्यान रखा जाना चाहिए कि यह आधुनिक युग में विकसित गद्य का एक विधा रूप है, किन्तु हिन्दी में इसका नामकरण करने के लिए संस्कृत नाट्यशास्त्र का सहारा लिया गया। वहाँ उपन्यास को प्रतिमुख सन्धि के एक उपभेद के रूप में प्रस्तुत किया गया है। इसकी व्याख्या करते हुए उपन्यास को एक ऐसी रचना माना गया है, जो युक्तियुक्त अभिव्यक्ति करते हुए मन का प्रसादन करे। फिर भी उपन्यास अपने ढाँचे में आधुनिक जीवन को ही महत्त्व प्रदान करता है। उसके अन्तर्गत इतिहास की दुनिया में जो कुछ ग्रहण किया जाता है, वह भी आधुनिक सन्दर्भ ही लिये हुए होता है। इतना तय है कि उपन्यास के कलेवर में बहुत कुछ समाया

रहता है। और यही कारण रहा होगा कि ई.एम.फोस्टर ने उसे सब कुछ समाहित करनेवाली फटी-पुरानी टाट की बोरी माना था, किन्तु मिरियम क्रॉ फॉर्ड उसे आधुनिक समय का महाकाव्य कहते हैं।

उपन्यास के तत्त्व

समीक्षा की आधुनिक प्रणाली के अनुसार किसी भी विधा को कठोर सिद्धान्तों या रचना तत्त्वों के रूढ़ ढाँचे में बाँधना उचित नहीं लगता। उपन्यास के विषय में तो यह और भी सही है। कारण यह कि उपन्यास के क्षेत्र में इतने अधिक प्रयोग किए गए हैं कि उसके स्वरूप को निर्धारित करनेवाले तत्त्वों का निर्धारण कठिन है। दूसरी ओर यह भी सही है कि समीक्षा क्षेत्र में ही उपन्यास के तत्त्वों पर चर्चा करने की पद्धति भी प्रचलित है। सम्भव है, ऐसा उपन्यास विधा की प्रारम्भिक सामान्य समझ पैदा करने के लिए किया जाता हो। साधारणत: उपन्यास के निम्नांकित तत्त्व माने जाते हैं-

1. कथानक
2. चरित्र
3. देश-काल वातावरण
4. भाषा शैली
5. उद्देश्य

कथानक :

> ई.एम. फोस्टर ने Aspects of the Novel में कहा है- We shall all agree that the fundamental aspects of the novel is its story telling aspects...the novel tells a story that is the fundamental aspects, without which it could not exist. That is highest factor common to all novel...It runs like a back bone or may I say a tape worm, for its beginning and end are arbitary.

उपन्यास का प्रमुख एवं प्रथम तत्त्व कथानक ही होता है। इसका निर्माण घटनाओं के संयोजन से होता है। उपन्यासकार असंख्य घटनाओं में से कुछ प्रतिनिधि घटनाएँ चुनता है और उन्हें आपस में इस प्रकार जोड़ता है कि वे उपन्यासकार द्वारा निर्धारित क्रम में ही घटी हुई प्रतीत होती हैं। कथानक की घटनाओं में पूर्वापर सम्बन्ध रहता है। यह सम्बन्ध जितना स्वाभाविक, सहज और औचित्यपूर्ण होगा उपन्यास का कथानक उतना ही प्रभावशाली बनेगा। Edwin Myore ने 'The structure of Novel' में कहा है-

The most simple form pross fiction is the story which records a succession of events, generally marvellous.

उपन्यासकार द्वारा घटनाओं के संयोजन की एक कसौटी यह भी होती है कि कथानक स्वाभाविक रूप से विकसित होता हुआ प्रतीत हो। कथानक का विश्लेषण करते हुए उसे दो भागों में विभाजित किया जाता है- मुख्य कथानक एवं गौण कथानक। मुख्य कथानक का सम्बन्ध उपन्यास के मुख्य उद्देश्य और मुख्य पात्र से होता है। यही कथानक आदि से अन्त तक अबाध रूप से चलता रहता है। गौण कथानक को हम सहायक कथानक कह सकते हैं। इसे पुन: प्रकरी और पताका उपविभागों में बाँटा जाता है। कुल मिलाकर गौण कथानक मुख्य कथानक के विकास में सहायक होता है और उसे फल अर्थात उद्देश्य प्राप्ति की ओर बढ़ाता है। जैसे-जैसे उपन्यास विधा का विकास हुआ वैसे-वैसे ही कथानक के सम्बन्ध में लेखकों और समीक्षकों की दृष्टि बदलती गई। विकास-क्रम में हर भाषा में ऐसे उपन्यास लिखे जाने लगे, जिनमें कथानक तत्त्व की उपेक्षा की गई। यह आधुनिक परिस्थितियों से प्रभावित जीवन को अत्यधिक प्रयोगधर्मी रूप में प्रस्तुत किए जाने की कोशिश थी। कथानकविहीन उपन्यास विचार और स्थितियों की प्रतीकात्मक अभिव्यक्ति पर आधारित होते हैं। इनका उद्देश्य पाठक की बौद्धिक चेतना को एक झटके के साथ झकझोरना होता है। आज-कल अनेक लेखक इस प्रकार के कथानकहीन उपन्यास लिख रहे हैं।

चरित्र

उपन्यास का महत्त्वपूर्ण तत्त्व है चरित्र। कोई भी उपन्यास पात्रों के बिना संभव नहीं होता। लेखक कथानक को अथवा कथानकहीन उपन्यास को रूप देने के लिए पात्रों की सृष्टि करता है। ये पात्र वास्तव में काल्पनिक जगत के नहीं होते, इन्हें वह मूलत: मानव समाज और इसी जगत से ग्रहण करता है तथा अपने उद्देश्य के अनुसार उनके चरित्र का गठन करता है। परम्परागत दृष्टि से पात्र दो प्रकार के माने जाते हैं- प्रधान पात्र और गौण पात्र। नायक-नायिका को प्रधान पात्रों में गिना जाता है। अन्य पात्र सहायक पात्रों की कोटि में रखे जाते हैं। नायक और नायिका मुख्य कथानक के केन्द्र में रहते हैं, यही फलागम की स्थिति को प्राप्त करते हैं। गौण पात्र मुख्य पात्रों के चरित्र विकास में सहायता करते हैं, उन्हें फलागम तक पहुँचाने की परिस्थितियों का निर्माण करते हैं। इनका कार्य कथानक के विकास को गति प्रदान करना है। चरित्र विकास की दृष्टि से उपन्यास के पात्र स्थिर और गतिशील कोटियों में बाँटे जाते हैं। स्थिर पात्र वे होते हैं, जिनके मूल चरित्र में आदि से अन्त तक कोई परिवर्तन नहीं होता; गतिशील पात्रों के चरित्र में बदलाव दिखाई देता है। प्रारम्भ में उनमें जो विशेषताएँ होती हैं वे धीरे-धीरे परिवर्तित हो जाती हैं। ऐसा उपन्यास में कथानक को स्वाभाविक, रोचक और विश्वसनीय बनाने के लिए किया जाता है।

उपन्यासकार का यह धर्म है कि वह पात्र परिकल्पना और उनके चरित्र विकास में अत्यधिक सावधान रहे। उपन्यास कला की दृष्टि से यह आवश्यक है कि पात्रों को जन्म देने के पश्चात उपन्यास उनके स्वतन्त्र व्यक्तित्व का सम्मान करे यदि कोई लेखक निरन्तर अपने पात्रों पर दबाव बनाए रखता है। या फिर उन्हें अपनी हाथ की कठपुतली समझकर उनका चरित्रांकन करता है, तो उसकी रचना असफल हो जाती है। विल्यम हेनरी हडसन ने- An introduction to the study of Literature में अपने और अपने पात्रों के सम्बन्ध का निर्धारण करते हुए कहा है- "I do not control my charectors. I am in their hands and they take me where they please." यह धारणा चरित्र-चित्रण के विषय में भी पर्याप्त संकेत करती है। हम कह सकते हैं कि किसी भी उपन्यासकार की पात्र संकल्पना और चरित्र-चित्रण में स्वाभाविकता, यथार्थ जीविता, संभाव्यता, औचित्य और विश्वसनीयता का ध्यान रखना चाहिए।

देश-काल वातावरण

कोई भी उपन्यास देश-काल वातावरण के परिप्रेक्ष्य में अपने प्रभाव का विस्तार करता है। यहाँ देश का अर्थ है- वह क्षेत्र जो उपन्यास के कथानक में वर्णित होता है। काल का सम्बन्ध इतिहास से है अर्थात उपन्यास इतिहास के किसी छोटे या बड़े काल खंड विशेष को ग्रहण करता है। वातावरण का अभिप्राय उस परिवेश और परिस्थितियों से होता है, जो उपन्यासकार द्वारा ग्रहण किए गए क्षेत्र में काल विशेष में विद्यमान थीं। उपन्यास के कथानक में ग्रहण की गई घटनाएँ तब तक प्रभावशाली कथानक का निर्माण नहीं कर सकतीं जब तक कि उनका निर्माण देश-काल और वातावरण को ध्यान में रखकर न किया जाए। यह देश-काल और वातावरण ही है, जो पात्रों की बातचीत, वेशभूषा, जीवन जीने के उपकरण और विकास दशाओं को निर्धारित करता है। यहाँ तक कि उपन्यास की भाषा पर इस तत्त्व का प्रभाव पड़ता है। देश-काल वातावरण उपन्यासों को समाजशास्त्रीय और इतिहासपरकअध्ययन के लिए भी उपयोगी बनाता है। मानव सभ्यता, विश्व और समाज के ऐतिहासिक और समाज-सांस्कृतिक विकास को समझने के लिए उपन्यास एक श्रेष्ठ माध्यम का कार्य करता है। उसमें किसी काल-खंड विशेष का ऐसा जीवन्त और अन्तर्तत्त्वपूर्ण विवरण रहता है। जैसा राजनीतिक इतिहास अथवा शुद्ध इतिहास में भी नहीं होता। यह उपन्यास और देश-काल वातावरण के महत्त्व को प्रमाणित करता है।

भाषा शैली

उपन्यास की भाषा और शैली उसके अभिव्यक्ति पक्ष से सम्बन्धित है। इनका सम्बन्ध

किसी लेखक की उपन्यास कला से भी गहरा होता है। सामान्यतः भाषा को अभिव्यक्ति का माध्यम कहा जाता है और शैली अभिव्यक्ति के रूप और वैशिष्ट्य को निर्धारित करती है, किन्तु उपन्यास के सन्दर्भ में भाषा केवल भाव और विचार की ही अभिव्यक्ति नहीं होती, बल्कि वह घटनाओं, पात्रों और देश-काल वातावरण की भी अभिव्यक्ति होती है। इसलिए यह माना जाता है कि उपन्यास की भाषा चित्रात्मकता, वर्णनात्मकता और नाट्यधर्मिता के गुणों से युक्त होनी चाहिए। उसे आवश्यकता के अनुरूप परिवर्तनशील भी होना चाहिए। ध्यान से देखा जाए तो उपन्यास की भाषा बहुस्तरीय होती है। इस दृष्टि से उसकी प्रतिस्पर्धा केवल नाट्य भाषा से है। उसके अतिरिक्त साहित्य की अन्य विधाएँ उपन्यास की भाषा की भाँति बहुस्तरीय भाषा से सम्पन्न नहीं होतीं। भाषा की यह बहुस्तरीयता एक ही चरित्र के विविध रूपों और सभी चरित्रों के वैविध्यपूर्ण रूपों के कारण होती है। इसी विशेषता को ग्रहण करके वह अर्थ के अनेक स्तरों को प्रस्तुत कर सकती है और अभिधेयार्थ अथवा वाच्यार्थ का अभिव्यक्ति माध्यम बनने की दशा को प्राप्त कर सकती है। यही वैशिष्ट्य शैली का भी माना जाता है। उपन्यास की रचना-शैली उपन्यास के विविध रूपों, प्रकारों, और उद्देश्य के अनुरूप निर्मित होती है। यह संकेत करना भी उपयोगी है कि लेखक नितान्त निर्पेक्ष होकर भाषा और शैली का निर्धारण नहीं कर सकता। उसे इन दोनों की खोज उपन्यास की सम्पूर्ण रचना योजना के सन्दर्भ में करनी होती है। यही कारण है कि अनेक विद्वानों ने यह माना है कि उपन्यास अपनी भाषा और शैली को साथ लेकर जन्म लेता है।

उद्देश्य

उपन्यास रचना किसी न किसी उद्देश्य से की जाती है। इसका यह अर्थ कदापि नहीं है कि उपन्यासकार कोई उपदेशक या निर्देशक होता है। वह केवल स्थिति का चित्रण करता है और मार्ग का संकेत भी सीधे-सीधे नहीं करता, बल्कि उसे भी पाठक को उपन्यास पढ़कर ग्रहण करना होता है। यह प्रश्न इसलिए और भी महत्त्वपूर्ण है किहिन्दी या अन्य भारतीय भाषाओं के प्रारंभिक उपन्यास बहुत कुछ दिशा-निर्देश देनेवाले थे। इस तथ्य को ध्यान में रखते हुए हमें यह मानना होगा कि प्रारम्भ में उपन्यासकारों ने उद्देश्य का स्थूल अर्थ ही ग्रहण किया। अब उपन्यास का उद्देश्य सत्य को प्रस्तुत करना और समाज को आईना दिखाना रह गया। इसी के साथ वैचारिकता और विश्लेषणात्मकता के दबाओं में युगीन विचार संघर्ष से पाठक को रू-ब-रू कराना भी उसका उद्देश्य बन गया। बदली हुई परिस्थितियों में आधुनिकतावादी और उत्तराधुनिकतावादी उपन्यासकारों ने उपन्यास रचना के परम्परागत उद्देश्य तत्त्व को पूरी तरह विखंडित कर दिया। वे जीवन स्थितियों से उत्पन्न मनोवैज्ञानिक और व्यवहारगत प्रतिक्रियाओं को ही चित्रित करने लगे। यह

उपन्यास के उद्देश्य के क्षेत्र में एक नई बात है।

उपन्यास के प्रकार

घटना, चिन्तन पद्धति, कथानक की प्रवृत्ति, वैचारिकता, कथा-क्षेत्र, चरित्र-ग्रहण, परिवेश आदि तत्त्वों को ध्यान में रखते हुए उपन्यास के अनेक प्रकार निर्धारित किए जा सकते हैं। उपन्यास का वर्गीकरण रचना-शैली के आधार पर भी किया जा सकता है।

कुछ उपन्यासों में घटनाओं का आधिक्य होता है। इनके संयोजन में आदि से अन्त तक रहस्य और जिज्ञासा की प्रधानता रहती है। विस्मय और आश्चर्य भी इन उपन्यासों के कथानक को महत्त्वपूर्ण बनाते हैं। कुछ उपन्यासों में लेखक पूरी तरह समाज को केंन्द्र में रखता है। इसी प्रकार कुछ दूसरे उपन्यासकार इतिहास या फिर क्षेत्र को केन्द्र में रखते हैं। आँचलिक उपन्यासों में अंचल विशेष के भौगोलिक, सामाजिक, धार्मिक-सांस्कृतिक और भाषाई यथार्थ को केन्द्र में रखा जाता है। कुछ उपन्यासकार विचार और विश्लेषण पर अधिक ध्यान देते हैं, तो कुछ पात्र विशेष के चरित्रांकन को केन्द्र में रखते हैं। इन सबको ध्यान में रखते हुए उपन्यास के निम्नांकित प्रकार माने जा सकते हैं-

1. घटना प्रधान उपन्यास
2. वर्णन-प्रधान उपन्यास
3. चरित्र प्रधान उपन्यास
4. सामाजिक उपन्यास
5. ऐतिहासिक उपन्यास
6. मनोवैज्ञानिक और मनोविश्लेषणवादी उपन्यास
7. आँचलिक उपन्यास

उपन्यास विधा का विकास

उपन्यास एक ऐसी आधुनिक विधा है, जिसने औद्योगिक क्रान्ति के परिणामस्वरूप उत्पन्न पूँजीवादी व्यवस्था के गर्भ से जन्म लिया। डॉ. किशोर सिंह ने माना है कि "औद्योगिक क्रान्ति से उत्पन्न पूँजीवादी व्यवस्था ने जीवन की जटिलता को बढ़ाया। प्राचीन एवं परम्परावादी जीवन प्रणाली तथा समाज-व्यवस्था में एक परिवर्तन को रूपायित करने के लिए नए काव्य रूप की तलाश आरम्भ हुई। उसी से उपन्यास का जन्म हुआ।" साहित्य की विभिन्न विधाओं का विकास, विभिन्न युगों और युगीन जीवन को प्रभावित करनेवाली परिस्थितियों के प्रकाश में आँका जा सकता है। प्राचीन काल में काव्य का विकास इसलिए अधिक हुआ था कि उस काल में मुद्रण की सुविधा नहीं थी तथा विचार के स्थान पर भावना और आवेग का अधिक महत्त्व था। सामुदायिक सहयोग की भावना

का प्राधान्य था। यथार्थ के प्रति आग्रह की कमी थी। सम्भाव्य जीवन मूल्यों और आदर्शों पर अधिक बल था तथा जीवन में जटिलता अधिक नहीं थी। जैसे-जैसे इन स्थितियों में बदलाव आया,काव्य के स्थान पर गद्य का वातावरण तैयार हुआ। इसके परिणामस्वरूप भारत वर्ष में आख्यायिका नामक अभिव्यक्ति रूप अस्तित्त्व में आया। अनेक लोग उसी को उपन्यास का आदि रूप भी कहते हैं, किन्तु आधुनिक रूप में उपन्यास की जो परिभाषा सर्व स्वीकृत है, उसके अनुसार उपन्यास का विकास मूलत: पश्चिम में हुआ। इसके पीछे चौदहवीं-पन्द्रहवीं शताब्दी का पुनर्जागरण है। रॉल्फ फॉक्स ने माना है कि जिस पुनर्जागरण ने यूरोप को आमूल-चूल परिवर्तित कर दिया, वही आधुनिक युग को जन्म देने वाला काल है तथा इसमें आश्चर्य नहीं होना चाहिए कि वही उपन्यास का भी जन्म काल है। इतिहास की दृष्टि से देखें, तो उस काल में यूरोप का परिचय मुद्रण कला से हुआ। नए प्रकार की शिक्षा-पद्धति शुरू हुई और सामुदायिक के स्थान पर वैयक्तिक मूल्यों का महत्त्व बढ़ना शुरू हुआ। वैचारिकता के विकास के साथ ही जीवन के प्रति यथार्थ दृष्टि विकसित हुई और शासन व्यवस्था की दृष्टि से लोकतंत्र की पृष्ठभूमि का निर्माण हुआ। आगे चलकर औद्योगिक क्रान्ति ने समाज का विभाजन नए आधारों पर कर दिया तथा मध्य-वर्ग का उदय हुआ। यहीं से अभिव्यक्ति-माध्यम के रूप में साहित्य का रूप भी बदला और अन्य विधाओं की अपेक्षा गद्य का तीव्र विकास हुआ। यह ध्यान रखने योग्य तथ्य है कि पुनर्जागरण की पहली दस्तक इटली के दरवाजे पर हुई थी, जिसने बोकाचियो जैसे व्यक्ति को अपनी अभिव्यक्ति बदलने को बाध्य कर दिया था। उसने डेकामेरान में विशिष्ट के स्थान पर यथार्थ तथा सहज मनुष्य को ग्रहण कर लिया था और समाज की बुराइयों तथा कमियों की अभिव्यक्ति पर परिहास भरे आक्रमण करने शुरू कर दिए थे। ऐसा उन दिनों फ्रांस और स्पेन के साहित्य में भी होने लगा था। रावले नामक लेखक ने अपनी रचनाओं में सामाजिक अन्तर्विरोध को और फ्राँसीसी समाज की गलित मान्यताओं को कठोर व्यंग्य का निशाना बनाया है। इस सन्दर्भ में डॉन क्विगजोट उपन्यास की चर्चा महत्त्वपूर्ण है। स्पेनी लेखक सर्वानतीस ने अपने इस उपन्यास में अत्यधिक धारदार और व्यंग्य-विनोदपूर्ण भाषा में तत्त्कालीन सामाजिक ढाँचे को निशाना बनाया है। 18 वीं शताब्दी में यूरोपीय पुनर्जागरण के प्रभाव से उपन्यास का आधुनिक रूप सामने आया। इससे पहले इटली, फांस और स्पेन में आधुनिक उपन्यास की पृष्ठभूमि तैयार हो चुकी थी। 18 वीं शताब्दी में इंग्लैंड में सामाजिक, राजनीतिक और आर्थिक दृष्टि से अनेक परिवर्तन हुए। शिक्षित मध्य-वर्ग का उदय लोकतांत्रिक भावना से जुड़ाव,जनसंचार और पत्रकारिता के प्रारम्भिक रूप का विकास, पूँजीवाद का निरन्तर विकास सामाजिक और जातिगत रूढ़ियों के बन्धन से मुक्ति का आग्रह आदि ऐसे ही उल्लेखनीय परिवर्तन हैं। यही वह काल है, जब अंग्रेजी में फिल्डिंग, रिचर्डसन, स्टर्न और डेनियल डेफो ने

रॉबिनसन क्रूसो जैसे पूँजीवाद के प्रतीक पात्र को जन्म दिया। उसके कुछ समय बाद जेन आस्टिन और सर वाल्टर स्कॉट ने अंग्रेजी उपन्यासों को स्वानुभूति और यथार्थ से जोड़ने की कोशिश की। स्मरणीय है कि सर वाल्टर स्कॉट को ही अंग्रेजी साहित्य में ऐतिहासिक उपन्यास लेखन परम्परा का जनक माना जाता है। 18 वीं शताब्दी के उत्तरार्द्ध में यूरोप में जो समाज उभरा उस पर वैज्ञानिक प्रयोगों, भौतिक जगत का विश्लेषण करनेवाली विचारधाराओं और वर्ग-संघर्ष के उभरते हुए स्वरों का विशेष प्रभाव था। यह वही काल है, जब हीगल ने जर्मनी की राजतंत्रात्मक व्यवस्था को प्रभावित किया था और मार्क्स ने हीगल को सिर के बल खड़ा बताते हुए साहित्य की भौतिक व्याख्या तथा द्वन्द्वात्मक भौतिकवाद को प्रभावित करना शुरू कर दिया था। इस वातावरण के प्रभाव से कला और साहित्य के क्षेत्र में धारणागत परिवर्तन विकसित हुआ। कोरबिट नामक चित्रकार ने यथार्थवाद का ऐसा आन्दोलन शुरू किया, जिसने न केवल कला बल्कि साहित्य को भी अपने वृत्त में समेट लिया। अब यह माना जाने लगा कि उपन्यास में नायकत्व की परम्परा को अलविदा कह दिया जाना चाहिए। उसके स्थान पर उपन्यास के केन्द्र में उस व्यक्ति को स्थापित किया जाना चाहिए, जो सरल भाषा का व्यवहार करता है और लाग-लपेट से परे ईमानदारी और यथार्थवादी जीवन जीता है। यह एक तरह से अभिजातवादी दृष्टि के विरुद्ध यथार्थवादी दृष्टि का विद्रोह था। इसने पश्चिम की सभी भाषाओं में उपन्यास को विषय और अभिव्यक्ति दोनों दृष्टियों से बदल डाला। यथार्थवाद एक ऐसी जीवन-दृष्टि के रूप में आया, जिसे जीवन को उसकी सम्पूर्णता में देखने की दृष्टि माना गया। पश्चिम के यथार्थवादी उपन्यासकारों ने पूँजीवादी सभ्यता की बुराइयों और उसकी विरूपताओं का सटीक विश्लेषण किया। एक प्रकार से यह आदमी और उसके जीवन के सत्य को तलाश करने की कोशिश थी। बालजाक, डिकेन्स, गोगोल, फ्लाबेयर आदि ऐसे ही उपन्यासकार थे। दूसरी ओर रूसी लेखक टॉल्सटोय ने अपने उपन्यासों में मनुष्य के आन्तरिक सत्य की भी तलाश की; साथ ही साथ बुर्जुआ मान्यताओं पर आधारित समाज व्यवस्था के प्रति आलोचनात्मक दृष्टि अपनाई। फ्लाबेयर ने मादाम बोवारी जैसे उपन्यास के माध्यम से स्त्री जीवन के करुणा-विगलित पक्ष को प्रस्तुत किया। दोस्तोएवस्की के सामाजिक विषमताओं का उद्घाटन करनेवाले उपन्यास भी इसी काल में प्रकाश में आए। उधर टॉल्सटोय का महाकाव्यात्मक उपन्यास 'वॉर एण्ड पीस' एक नई चेतना लेकर प्रस्तुत हुआ। 19वीं सदी तक का भारतेत्तर उपन्यास साहित्य इन्हीं उतार-चढ़ावों से गुजरा। यहाँ पश्चिम के स्वच्छंदतावादी उपन्यास साहित्य का संकेत भी आवश्यक है। ये उपन्यास क्लेसिसिज़्म या श्रेण्यवाद के विरोध में लिखे जाने शुरू हुए थे। इसमें कल्पनाशीलता, भावुकता, रहस्यवादिता तथा विद्रोह का प्राधान्य था। रिचर्डसन और गोल्डस्मिथ ने इसी प्रकार के उपन्यास लिखे थे।

जहाँ तक भारतीय साहित्य का प्रश्न है, यहाँ आधुनिक अर्थ में उपन्यास का उदय काफी बाद में हुआ। 19वीं शताब्दी के उत्तरार्द्ध में भारतीय भाषाओं में उपन्यास रचना प्रारम्भ हुई। इसका कारण यह है कि भारतीय लेखकों के सामने कथा और आख्यायिका के विविध रूप तो थे, किन्तु ऐसी कोई परम्परा नहीं थी, जिसके आधार पर वे उपन्यास का वास्तविक ढाँचा खड़ा कर सकें। ऐसा होना स्वाभाविक था, क्योंकि उपन्यास जैसी विधा के विकास के लिए यूरोप या उसके आस-पास के देशों में जो परिस्थितियाँ पुनर्जागरण काल में उत्पन्न हो गईं, उनका विकास भारतवर्ष में बहुत बाद में हुआ। पश्चिम के लगभग डेढ़-दो सौ वर्षों बाद। जब औपनिवेशिक शासन स्थापित हुआ, तभी ये परिस्थितियाँ बनीं। शिक्षित मध्यवर्ग का उदय बहुत बाद में हुआ। दूसरे, यूरोप और भारत के मध्य वर्ग में चारित्रिक अन्तर भी था, क्योंकि भारतीय मध्यवर्ग की मूल्य-चेतना हमेशा दुर्घटनाग्रस्त रही। उसके अन्तर्विरोध उसे पश्चिमी मध्यवर्ग से अलग करते थे। आगे चलकर अंग्रेजी शासनकाल में भौतिक विकास के साधनों, आर्थिक संरचना, राजनीतिक दशा, शिक्षा, भाषा आदि के माध्यम से जो परिवर्तन आए, उन्होंने उपन्यास के विकास को सम्भव बनाया। यहाँ कुछ भारतीय भाषाओं में उपन्यास के विकास के प्रारम्भिक रूप की चर्चा की जा सकती है- बंगला भाषा का पहला उपन्यास सन् 1858 में प्रकाशित हुआ, प्यारा चाँद मित्र द्वारा लिखित इस उपन्यास का नाम है- अलालेर घरेर दुलाल। यह उपन्यास अपनी भाषा और मुहावरों के कारण प्रसिद्ध हुआ। लेखक ने इसमें व्यंग्य का समावेश भी किया है, जो तत्कालीन सामाजिक दशा की दृष्टि से महत्त्वपूर्ण है। उस समय पश्चिमी शिक्षा भारतीय युवकों पर जो प्रभाव डाल रही थी,उसका यथार्थ व्यंग्यात्मक शैली में ही भवानीचरण बन्दोपाध्याय द्वारा उसी काल में लिखे गए अपने उपन्यास नवबाबू विलास में किया था। ये दोनों उपन्यास अति साधारण थे। सच्चे अर्थों में बंगला भाषा में उपन्यास कला का विकास सन् 1865 में हुआ था। इसका श्रेय बंकिमचन्द्र चटर्जी के उपन्यास 'दुर्गेश नन्दिनी' को है। सन् 1865 में बंकिम के ही कपाल-कुण्डला का प्रकाशन हुआ और बंगला भाषा उपन्यास विधा की दृष्टि से समृद्ध होनी शुरू हो गई।

तेलुगु भाषा का प्रथम उपन्यास विरेशलिंगम पंतुलु द्वारा रचित 'राजशेखर चरित्रमु' है। इसी प्रारम्भिक चरण में चिलक मूर्ति लक्ष्मी नरसिंघम ने हेमलता, कर्पूर मंजरी, अहिल्या बाई आदि ऐतिहासिक उपन्यास रचे। इस तरह तेलुगु भाषा में प्रथम चरण में ही सामाजिक और ऐतिहासिक चेतना से युक्त उपन्यास धारा का प्रवर्तन हुआ। हमें ध्यान रखना चाहिए कि आंध्र के समाज में बहुत पहले से ही सामाजिक और आर्थिक समस्याएँ मौजूद थीं, किन्तु इसी समाज में इतिहास और संस्कृति के प्रति अद्‌भुत लगाव भी विद्यमान था। रामायण, महाभारत और पौराणिक साहित्य के प्रति आंध के समाज में लम्बे समय से गहरी आस्था थी। यही कारण है कि जब समय बदला और समाज ने नई

करवट ली, तो उपन्यास ने सबसे पहला ध्यान समाज और इतिहास पर ही दिया। माना जाता है कि वीरोशलिंगम का 'सत्यवती चरित्रमु' तेलुगु का प्रारम्भिक उपन्यास था। इसमें समाज के निर्माण में स्त्री की महत्त्वपूर्ण भूमिका का चित्रण किया गया है और बताया गया है कि स्त्री के बिना मनुष्य या समाज का कोई विकास सम्भव नहीं है। इसी के साथ यह उपन्यास स्त्री शिक्षा पर भी विशेष बल देता है। स्त्री के लिए शिक्षा और स्त्री के लिए स्वाधीनता, इस उपन्यास की मूल चेतना के अनिवार्य हिस्से हैं। इसे सन् 1883 में 'सतीहित बोधिनी' नामक पत्रिका ने धारावाहिक रूप में प्रकाशित किया था। इससे भी इस कृति तथा उस काल के तेलुगू उपन्यास की दिशा का पता चलता है।

तमिल भाषा में उपन्यास लेखन का पहला प्रयोग सन् 1826 में दिखाई देता है। इस वर्ष पादरी बिशि द्वारा रचित 'परमार्थ गुरुविन कदैहल' नामक पुस्तक प्रकाशित हुई, जो तमिल भाषा की पहली कथा पुस्तक मानी जाती है। इसके उपन्यास होने में सन्देह भी व्यक्त किया जाता है। डॉ० एम. रोशन का यह मानना है कि ''वास्तव में मयुरम वेदनायकम पिल्लै के प्रताप मुदलियर चरित्रम् (1876) से ही तमिल उपन्यास का प्रारम्भ माना जाता है। इसमें समकालीन जीवन को कल्पना के सहारे चित्रित करने का प्रयास किया गया है। इसमें आदर्शवादी एवं नैतिकतावादी दृष्टिकोण प्रमुख रूप से दृष्टिगोचर होता है।'' तमिल भाषा में वेदनायकम पिल्लै ने ही 1887 में 'सुगुण सुंदरी' शीर्षक से एक उपन्यास लिखकर सामाजिक उपन्यास लेखन की परम्परा को पुष्ट किया। बी. आर. राजन अय्यर, एस.एम.,नरेश शास्त्री, पोन्नु स्वामी आदि तमिल के प्रारम्भिक उपन्यासकार हैं।

ओडिया भाषा में उपन्यास का विकास 19 वीं शताब्दी के अन्तिम दशकों में हुआ। सन् 1889 में उमेशचन्द्र सरकार का 'पदममाली' और 1891 रामशंकर राय का 'सौदामिनी' उपन्यास छपा था, किन्तु यह अधूरा है। यहाँ यह उल्लेखनीय है कि ओडिया भाषा को उपन्यास भाषा की दृष्टि से ऊँचाइयों पर पहुँचाने वाले फकीर मोहन सेनापति हैं। उनका ऐतिहासिक महत्त्व का उपन्यास 'छ माण आठ गुण्ठ' शीर्षक पुस्तकाकार रूप में सन् 1902 में प्रकाशित हुआ। उनके अन्य उपन्यास हैं- मामू (1913) लछमा (1914) प्रायश्चित (1915)। फकीर मोहन सेनापति का 'छः माण आठ गुण्ठ' उपन्यास भगिया सारिया नामक तन्तुवाय दम्पती के शोषण की करुण कहानी है।

असमीया भाषा में उपन्यास की शुरुआत अनुवाद के माध्यम से हुई। सन् 1850-51 में असमीया भाषा में जात्रीकर जात्रा नाम से एक उपन्यास का धारावाहिक प्रकाशन शुरू हुआ। यह जॉन बुनियन के पिलग्रिम्स प्रोग्रेस का अनुवाद था। सन् 1877 में ए. के.गर्नी का उपन्यास 'कामिनी कान्तर चरित्र' प्रकाशित हुआ। यह असमीया का पहला मौलिक उपन्यास है, किन्तु चित्रमहंत हेमचन्द्र बरुआ को पहला असमीया मौलिक उपन्यासकार मानते हैं। उनके अनुसार सन् 1876 में उनका 'बाहिरे रंग चंग भीतरे कोवा भातुरी'

उपन्यास प्रकाशित हुआ, जिसमें गोवर्धन देव तथा आयचु देव के माध्यम से तत्कालीन असमीया समाज में प्रचलित व्यभिचार का चित्रण है। सन् 1884 में पद्मा देवी फुकननी का उपन्यास 'सुधरमार' प्रकाशित हुआ। इसे असमीया का प्रारंभिक सामाजिक उपन्यास माना जाता है। सन् 1905 में लक्ष्मीनाथ बेजबरुआ ने पदुमकुमारी के माध्यम से ऐतिहासिक उपन्यास परम्परा की शुरुआत की जो कामरूप अंचल के प्रजा-विद्रोह पर आधारित है।

गुजराती भाषा में उपन्यास की शुरुआत 19 वीं शताब्दी के अन्त में हुई। इस काल में सरस्वतीचन्द्र नामक उपन्यास लिखा गया, जिसकी विषय-वस्तु इतिहास से ग्रहण की गई है। यह उपन्यास चार खंडों में छपा। इसी काल में गुजराती का हास्य रस का पहला उपन्यास 'भद्रम भद्र' भी लिखा गया। आगे चलकर गुजराती भाषा में के.एम.मुन्शी, रमणलाल देसाई, झवेरचन्द मेघाणी, पीतांबर पटेल आदि महत्त्वपूर्ण उपन्यासकार हुए। पन्नालाल पटेल भी गुजराती के महत्त्वपूर्ण उपन्यासकार बने, जिन्होंने गुजरात के गाँव को विषय-वस्तु के स्रोत के रूप में स्थापित किया।

मराठी भाषा में भी उपन्यास 19 वीं शताब्दी में ही सामने आया। वी.एम. जोशी, मामा वरेरकर, एन.सी. फड़के, वी.एस. खांडेकर मराठी के प्रारंभिक उपन्यासकार हैं। ध्यान रहे कि मराठी के ऐतिहासिक महत्त्व के उपन्यास 20 वीं शताब्दी के प्रारम्भ में लिखे गए। सुशीलेचा देव, इन्दु कालेहाणी सरला भोले जैसे उपन्यास एक ओर पढ़ी-लिखी स्त्री के बौद्धिक दृष्टिकोण के विकास का अध्ययन करते हैं,तो समाज का यथार्थ विश्लेषण भी करते हैं। मराठी उपन्यास वी.एम.जोशी और केतकर के माध्यम से बहुत ऊँचाई पर पहुँचा।

मलयालम भाषा में गद्य का युग मुख्य रूप से 20 वीं शताब्दी में आया। यद्यपि इस भाषा में गद्य की परम्परा 15वीं-16वीं शताब्दी में मिलती है। ऐसा संस्कृत से इस भाषा के सम्पर्क के कारण संभव हुआ था, फिर भी उपन्यास जैसे गद्य रूपों का विकास बहुत बाद में हुआ। विशेषकर 1919 के बाद। उपन्यास की दृष्टि से इस काल में सी.वी.रमन पिल्लइ के उपन्यास राम राजा बहादुर, अप्पन उत्तमपुराण के भूतरायर, के.एम. पणिकर के केरल सिंघम का नाम लिया जा सकता है। आगे चलकर इस भाषा में मोहम्मद बशीर जैसे उपन्यासकार हुए। मलयालम के ये उपन्यास इतिहास, समाज और व्यक्ति के जीवन को केन्द्र में रखते हैं।

उर्दू भाषा में भी उपन्यास का विकास 19 वीं शताब्दी के उत्तरार्द्ध में ही हुआ। इस भाषा के प्रथम दो उपन्यासकार हैं नजीर अहमद और रतननाथ शरसार। उर्दू के प्रारम्भिक उपन्यास या तो प्रेम प्रधान होते थे या वीरता और सदगुणों से भरे हुए नायकों वाले। इनके खलनायक बहुत अधिक ईर्ष्यालु और दुष्ट होते थे। सन् 1878 में रतननाथ शरसार का उपन्यास 'फ़साना-ए-आजाद' प्रकाशित होना शुरू हुआ, जिसकी पहली किश्त अवध

अखबार की एक किश्त के रूप में छपी। इस उपन्यास में लखनऊ का जीवन अपनी सभी विशेषताओं के साथ है। आगे चलकर अब्दुल हलीश शरीर ने 'दिले गुदाज' शीर्षक ऐतिहासिक उपन्यास लिखा। उर्दू भाषा में उस काल में सबसे महत्त्वपूर्ण उपन्यासकार के रूप में प्रेमचन्द का आगमन हुआ। उनका उपन्यास मैदाने अमल से आधुनिक उर्दू उपन्यासों का प्रारम्भ माना जाता है। प्रेमचन्द ने उर्दू भाषा को ऐसे उपन्यास दिए जिनमें मनुष्यों के साथ-साथ वे पात्र भी हैं, जिन्हें पशु माना जाता है, जो प्रेमचन्द के यहाँ मानवीय भावनाओं से परिचालित होते हुए दिखाए गए हैं। कालांतर में उर्दू में प्रेमचन्द के यथार्थ का अनुकरण भी हुआ और ऐसे उपन्यासकार भी सामने आए, जिन्होंने आधुनिक विचार-बोध तथा नवीन कला मान्यताओं को आधार बनाकर उपन्यास लेखन को समृद्ध किया। इस्मत चुगताई, अजीज अहमद, कुर्रतुल-ऐन-हैदर और सालिहा आबिद हुसैन ऐसे ही उपन्सासकार हैं। इस्मत चुगताई ने मध्यवर्गीय मुस्लिम परिवार को आधार बनाकर सामाजिक दृष्टिकोण के सहारे अपने उपन्यासों की रचना की। इस तरह उर्दू भाषा के उपन्यास जमीन से जुड़कर चले। अहमद अली, कृष्णचन्दर, ख्वाजा अहमद अब्बास, जमुना दास अख्तर, शौकत थानवी आदि उर्दू के अन्य महत्त्वपूर्ण उपन्यासकार हैं।

मणिपुरी भाषा में उपन्यास की शुरुआत सन् 1930 में हुई। उस वर्ष आधुनिक मणिपुरी साहित्य के प्रारम्भकर्त्ताओं में से एक डॉ० कमल का उपन्यास 'माधवी' प्रकाशित हुआ। यह उपन्यास अपने मूल रूप में आदर्श मूल्य बोध,त्याग, ममता, प्रेम के उदात्त रूप, संघर्ष और सांस्कृतिक चेतना से भरा हुआ है। इसमें तत्कालीन मणिपुरी समाज के भी दर्शन होते हैं। मणिपुरी भाषा के प्रारंभिक उपन्यासकारों में हिजम अङाङ्हल (जेहरा), ख्वाइराकपम चाओबा (लबंगलता) और राजकुमार शीतलजीत सिंह (इमा) का महत्त्वपूर्ण स्थान है। जेहरा बहुत कुछ गाँधीवाद से प्रभावित है। यह मणिपुरी भाषा का पहला सम्पूर्ण सामाजिक उपन्यास भी है। इसमें नायिका एक मुस्लिम युवती है,जबकि नायक मैतै हिन्दू है। दोनों का प्रेम दर्शाकर लेखक ने धार्मिक और सामाजिक सौहार्द की ओर संकेत किया है। लबंगलता मणिपुरी भाषा का पहला ऐतिहासिक उपन्यास माना जाता है। इमा एक ऐसा उपन्यास है, जिसमें स्त्री चरित्र की महत्ता प्रतिपादित की गई है। इस उपन्यास में कर्तव्य और प्रेम के संघर्ष में कर्तव्य की विजय होती है। मणिपुरी उपन्यास का निकट का सम्बन्ध बांगला साहित्य से रहा है। इस भाषा के पहले-पहले उपन्यासों में इस बात का पता चलता है कि उन दिनों का लेखन बांगला और असमिया से संवाद बनाकर चलता था। इसके मूल में मणिपुर और बंगाल के सांस्कृतिक सम्बन्ध भी कहे जा सकते हैं। इसी के साथ तत्कालीन समाज में समग्र सामाजिक व सामुदायिक सम्बन्धों में जो बदलाव आ रहा था, उसने भी शुरुआती उपन्यासकारों को प्रभावित किया। स्त्री के चरित्र को मणिपुरी उपन्यासकारों ने प्राचीन परम्परा से अधिक दूर नहीं हटाया। वह स्वतंत्र है, प्रेम के अधिकार

को महत्त्व देती है, मानवता को सबसे ऊपर मानती है,असहायों के लिए अपना जीवन बलिदान करना अपना धर्म मानती है और जीवन की मूल्यवत्ता को समझती है। कुछ आगे बढ़ते ही इन उपन्यासकारों ने इतिहास को साहित्य का विषय बनाना शुरू कर दिया तथा धार्मिक सीमाओं को तोड़कर प्रेम करने की हिमायत की। मणिपुरी उपन्यास अपने जन्म से ही बहुकोणीय विषयवस्तु ग्रहण करते रहे हैं।

जहाँ तक हिन्दी भाषा का प्रश्न है, हमें यह ध्यान रखना चाहिए कि ऐतिहासिक कारणों से हिन्दी स्वाधीनता संघर्ष और उपनिवेशवाद के विरोध में सार्थक आन्दोलन चलानेवाली प्रमुख भाषा बन गई थी। भौगोलिक दृष्टि से सबसे बड़े क्षेत्र की मुख्य भाषा होने के कारण और भारतेत्तर भाषाओं के सम्पर्क में आने के कारण उसमें उपन्यास के विकास की सम्भावनाएँ अधिक थीं। दूसरी ओर यह भी सच है आधुनिकता का प्रवेश उसमें थोड़ा बाद में हुआ। अत :उपन्यास का विकास भी 19 वीं शताब्दी के उत्तरार्द्ध में ही हो सका। हिन्दी भाषा के प्रारंभिक उपन्यासों में देवरानी जेठानी की कहानी (पं. गौरी दत्त),वामाशिक्षक (ईश्वरीप्रसाद और कल्याण राय),भाग्यवती (श्रद्धाराम फिल्लोरी), परीक्षागुरु (श्रीनिवास दास),चन्द्रकांता (देवकीनंदन खत्री) प्रमुख हैं। ये सभी उपन्यास स्त्री की शिक्षा, स्त्री की सामाजिक और पारिवारिक सामंजस्य में भूमिका तथा सामाजिक बुराइयों को सामने लाने वाले हैं। विचार के क्षेत्र में जो क्रान्तिकारी परिवर्तन उन्नीसवीं-बीसवीं शताब्दी में सम्भव हुआ, उसकी अनुगूँज हिन्दी के प्रारम्भिक उपन्यासों में देखने को मिल जाती है। इतना ही नहीं, इनमें अभिव्यक्ति के नए रास्तों की तलाश भी जल्दी शुरू हो गई। इसी कारण पहले चरण में आदर्शवादी होते हुए भी ये दूसरा कदम रखते-रखते यथार्थ की ओर बढ़ने लगे। किसान और स्वाधीनता इनके प्रिय विषय बन गए और इन्होंने देवकीनंदन खत्री से अलग हटकर जीवन यथार्थ से जुड़ी कला को अपना लिया।

उपन्यास के विकास का यह अध्ययन इस बात का साक्षी है कि इस विधा के इतिहास का गहरा सम्बन्ध पूँजीवादी सभ्यता के विकास से है। जैसे-जैसे सामाजिक व्यवस्था के संचालन को पूँजीवादी शक्तियों ने अपने हाथ में लिया और जैसे-जैसे औद्योगीकरण के गर्भ से मध्यवर्ग तथा मध्यवर्गीय पद्धतियों का विस्फोट हुआ वैसे-वैसे ही उपन्यास ने विभिन्न भाषाओं में अपनी जगह सुनिश्चित की। सभ्यता के विकास में आर्थिक शक्तियों के साथ ही राजनीतिक शक्तियों का गठबन्धन भी हुआ अर्थात पूँजीवाद और साम्राज्यवाद अन्तरसम्बन्धों के जाल में जकड़ गए। आगे चलकर ये दोनों एक-दूसरे को परिपोषित करने लगे और इन दोनों उद्योगों तथा मशीनों की दिशा के साथ ही शासन प्रणालियों की दिशा भी तय करनी शुरू कर दी। इससे समाज में ऐसी प्रवृत्तियाँ विकसित हुईं, जो पहले कभी नहीं थीं। यह पूरी परिस्थिति एक ऐसी जमीन के रूप में सामने आई, जिसमें उपन्यास का फल उगा। अन्तर्विरोध निरन्तर बढ़ते गए। नगर और गाँव अपना

स्वभाव बदलते गए और उपन्यास इन सब को समेटता गया। एक तरह से उपन्यास ने रचना की अन्य विधाओं को पीछे ढकेलकर विस्तार पाते हुए नए जीवन को चित्रित करने का ठेका सा ले लिया और जहाँ-जहाँ साम्राज्यवाद का प्रभाव गया वहाँ-वहाँ जाकर अपनी जिम्मेदारी निभाने लगा।

उपन्यास की इस पहलकदमी का एक पक्ष यह भी है कि परिवर्तित सामाजिक, राजनीतिक और आर्थिक परिस्थितियों से जिन-जिन देशों में नवजागरण और उसके बहाने नए जीवन-मूल्यों की शुरुआत हुई वहाँ-वहाँ उपन्यास ने इन सबको एक जगह समेटा और बदलाव को आधिक गतिशील बनाया। भारतीय भाषाओं में जो प्रारंभिक उपन्यास रचे गए वे इसका बहुत सशक्त उदाहरण प्रस्तुत करते हैं, चाहे देवरानी जेठानी की कहानी हो या परीक्षा गुरु सभी भारत में उभरते हुए नए सामाजिक सन्दर्भों को सामने लाते हैं। स्वयं देवकीनंदन खत्री अपनी कलम से उपन्यासों में जिस रोमानियत को चित्रित करते हैं, वह भी बदलते हुए कला-मूल्यों और रचना-मार्गों के विकास का ही उदाहरण है। परवर्ती काल में प्रसाद और प्रेमचन्द दोनों ही अलग-अलग रास्तों से आर्थिक, सामाजिक राजनीतिक और सांस्कृतिक सन्दर्भों को बेलाग ढंग से प्रस्तुत करते हैं। उपन्यास रचना का पूरा ढाँचा भी विभिन्न रास्तों से गुजरते हुए समय सापेक्ष मूल्यबोध प्राप्त करता चला जाता है।

नवजागरण और प्रारम्भिक हिन्दी उपन्यास

हिन्दी में भारतीय नवजागरण का व्यापक रूप उपन्यासों में सबसे प्रभावशाली ढंग से प्रकट हुआ। इसका कारण भारत में उपन्यास विधा के विकास में छिपा हुआ है, जिसके चलते सभी भाषाओं के उपन्यासकार जड़ता के विरोध में खड़े दिखाई देते हैं। हिन्दी की केन्द्रीय स्थिति ने इस भाषा के उपन्यासकारों पर अधिक जिम्मेदारियाँ डाल दी थीं, जिन्हें इन्होंने निभाया। अगर नवजागरण कालीन हिन्दी साहित्य को समझना है तो उपन्यास को किनारे करके किसी सही निष्कर्ष पर नहीं पहुँचा जा सकता।

जब हम नवजागरण की बात करते हैं तो हमारे सामने दो नवजागरण आते हैं- एक पाश्चात्य नवजागरण और दूसरा भारतीय नवजागरण। यूरोप में नवजागरण 14 वीं से 16 वीं शताब्दी तक रहा। इससे पहले का मध्यकालीन यूरोप अन्धकार से भरा था। इसका प्रमुख कारण था- जनता ही नहीं, राजा और सामंतों तक का निरक्षर होना। अरबों ने स्पेन आदि पर अधिकार किया तब वहाँ कई अध्ययन-केंद्र खोले गए और विभिन्न विषयों के साथ प्राचीन यूनानी दर्शन के अध्ययन की भी व्यवस्था की गई थी। अरबों के इस प्रयास से यूरोपवासियों को बाइबिल से अलग, अपना स्वतंत्र विचार विकसित करने का अवसर मिला।

वैज्ञानिक विकास के कारण ईसाइयों की रूढ़ परम्पराएँ सामने आने लगीं। इससे जनता के धर्मविरोधी होने का खतरा बढ़ गया। चर्च और धर्म के ठेकेदार सजग हो गए, किन्तु अनेक अत्याचार सहकर भी वैज्ञानिकों ने अपने कर्म नहीं छोड़े। इसका परिणाम यह निकला कि बुद्धि-स्वातंत्र्य की प्रवृत्ति बढ़ने लगी। रोजर बेकन(1210-93)ने पहले पहले बुद्धिवाद का खुलकर प्रचार किया। रूसो ने 'बैक टू नेचर' का नारा दिया। वहीं जर्मनी के लूथर(1483-1546) ने मुद्रण-क्रान्ति का लाभ उठाकर चर्च के विरुद्ध सामग्री प्रकाशित करनी आरम्भ कर दी। इस नवजागरण ने अन्य क्षेत्र की भाँति साहित्य में भी क्रान्ति उपस्थित की। मध्ययुग में ग्रीक और लेटिन को ही श्रेष्ठ भाषा के रूप में माना जाता था। नवजागरण के प्रभाव से बाइबिल का अनुवाद लोक-भाषाओं में किया गया। इसके साथ ही अंग्रेजी, जर्मन, फ्रेंच आदि भाषाओं की उन्नति हुई और इस समय उपन्यास की

यात्रा भी आरम्भ हुई। ध्यातव्य है कि जहाँ-जहाँ नवजागरण आया, वहाँ-वहाँ उपन्यास का विकास भी आसानी से हुआ। विश्व भर में सबसे पहले 14 वीं शताब्दी में इटली में नवजागरण आया और 14 वीं शताब्दी के मध्य से ही इटली के बोकेशियो की 'डिकैमरान' नामक कथा पुस्तक जिसे उसने नावेले स्टोरिया अर्थात नवल कथा कहा, प्रकाश में आई। नवजागरण की लहर इटली से स्पेन पहुँची और वहाँ 17 वीं शताब्दी के आरम्भ में सर्वान्टीज का लिखा यूरोप का पहला आधुनिक उपन्यास 'डॉन क्विकजोट' प्रकाश में आया। 17 वीं शताब्दी के मध्य में यूरोप में उपन्यास के नए रूपों का विकास हुआ और 19 वीं शताब्दी को यूरोपीय साहित्य में उपन्यासों का स्वर्णकाल कहा गया।

यही समय आधुनिक भारत के निर्माण की परिस्थितियों के प्रारम्भ का भी है, पर जिस प्रकार भक्ति आन्दोलन का प्रसार पूरे देश में एक साथ नहीं हुआ, उसी प्रकार नवजागरण भी पूरे देश में एक साथ नहीं आया। सन् 1757 में प्लासी के युद्ध में ईस्ट इंडिया कम्पनी ने नवाब शिराजुद्दौला को हराया, इसी काल में बंगाल के नवजागरण का प्रारम्भ माना जाता है। एस. सी. सरकार मानते हैं कि सन् 1757 में बंगला में आधुनिक काल का उदय और बध्य काल का अन्त होता है। तत्तपश्चात अंग्रेजों ने मराठा, सिक्ख और अवध पर भी अपना अधिकार जमा लिया। सन् 1857 में व्यापक स्तर पर स्वतंत्रता संग्राम हुआ। इस संग्राम की जो महान घटना हुई उसमें यद्यपि अंग्रेज पराजित नहीं हो सके, किन्तु भारतीय जनता को यह समझ में आ गया कि यदि वह मिलकर संघर्ष करे तो साम्राज्यवाद से मुक्ति असंभव नहीं है। स्मरणीय है कि 1857 का स्वाधीनता संग्राम हिन्दू और मुसलमान दोनों ने मिलकर लड़ा था और उसमें बड़ी संख्या में आम भारतीय जनता शामिल थी।

भारतीय नवजागरण को विकसित करने में मध्यकालीन भक्ति आन्दोलन की सामाजिक भूमिका को नहीं भुलाया जा सकता। संतों और भक्तों ने अपने समय में सामाजिक जड़ताओं पर जो हमले किए थे और मनुष्य की मुक्ति का जो सपना देखा था तथा जाति विहीन समाज पर जो बल दिया था, वह आधुनिक काल में आकर सामाजिक जागरण का आधार बना। इसी प्रकार आधुनिक काल में धार्मिक जागरण की लहर दिखाई दी, जिसमें धर्म को मनुष्य की वास्तविक उन्नति से जोड़ने की कोशिश हुई और नई क्रान्तिकारी धार्मिक विचारधाराएँ प्रकट हुईं। ये विचारधाराएँ जिन संगठनों के माध्यम से सामने आईं उनमें से प्रमुख हैं- राजाराम मोहन राय का ब्रह्मसमाज, दयानन्द सरस्वती का आर्य समाज, विवेकानन्द का रामकृष्ण मिशन तथा केशवचन्द्र सेन का प्रार्थना समाज। इसी के साथ बंगाल के नवजागरण पर रामकृष्ण परमहंस के प्रभाव को नहीं भूलना चाहिए। इस परिवर्तन ने भारतीय जागरण को समाज सांस्कृतिक चरित्र प्रदान किया। भारतीय नवजागरण में अंग्रेजी साम्राज्य की शिक्षा सम्बन्धी नीतियों, यातायात

सुविधाओं और अन्य सार्वजनिक सुविधाओं की भी बड़ी भूमिका है। नए शिक्षा सम्बन्धी परिवर्तन और वैज्ञानिक विकास ने भारतीयों को नए विचारों से परिचित कराया तथा विश्व की घटनाओं से जोड़ा। यातायात की सुविधाओं ने आपस में मेलजोल, समाचारों और विचारों के आदान-प्रदान तथा आपसी समझ को बढ़ाने में सहायता प्रदान की। विज्ञान और मशीनों के प्रभाव ने तर्क, प्रश्न और विचार विश्लेषण को प्रोत्साहित किया। इन सब कारणों ने हमारी राजनीतिक समझ में भी परिवर्तन किया। इस तरह नवजागरण का राजनीतिक व वैचारिक आधार तैयार हुआ।

नवजागरण ने कला और रचना के मूल्यों को भी प्रभावित किया। यह जनमुक्ति का ही एक रूप था। यही समय भारतीय भाषाओं के उठकर खड़े होने का भी है। हमें यह समझ लेना चाहिए कि भारतीय नवजागरण मूल रूप से समाज-सांस्कृतिक और समाज-राजनीतिक नवजागरण है। इसका वही रूप भारतीय उपन्यास में दिखाई देता है। प्रेमचन्द पूर्व उपन्यासों को मूलतः नवजागरण के प्रतिफल को व्यक्त करनेवाले उपन्यास कहा जा सकता है।

पंडित गौरीदत्त कृत 'देवरानी जेठानी की कहानी' हिन्दी के प्रारंभिक उपन्यासों में एक है, जिसमें तत्कालीन समाज के एक वर्ग को लेखक ने यथार्थ रूप में उतारने की कोशिश की है। वर्तमान पश्चिमी मेरठ के आस-पास रहनेवाले एक आम परिवार का चित्रण सर्वसुख के परिवार की कथा के माध्यम से किया गया है। इसकी कथा में तत्कालीन सामाजिक समस्याओं जैसे अशिक्षा,अज्ञानता और विधवाओं की स्थिति का वर्णन करने के साथ-साथ नवजागरण के गत्यात्मक परिवर्तन को भी दिखाया गया है। सर्वसुख जो कि मेरठ का अग्रवाल बनिया है, आढ़त का व्यापार करता है। उसकेदो बेटे और दो बेटियाँ हैं। वह बड़े बेटे को पढ़ाने के बजाय अपने पैतृक व्यापार में लगा लेता है और छोटे बेटे छोटेलाल को मदरसे में पढ़ने भेजता है। इसी तरह उसकी बड़ी बेटी पार्वती अनपढ़ रह जाती है और छोटी बेटी सुखदेई को नागरी पढ़ाई जाती है। इससे समय की करवट का पता लगाया जा सकता है। छोटेलाल को बहू भी पढ़ी-लिखी मिल जाती है, जिसे उपन्यासकार ने सुशील और समझदार दिखाया है। उपन्यासकार ने यहाँ शिक्षा की महत्ता दर्शाई और बताया है कि पढ़-लिख लेने से कोई कैसे शिष्टाचार सीख जाता है। यह बहू ससुराल आते ही आस-पड़ोस के लोगों का मन जीत लेती है, क्योंकि जब भी ''बड़ी-बूढ़ी आती बहु कहती पाँव पड़ूँ जी, वह कहती बहुशीली सपूती हो, बूढ़ सुहागन रह जब कोई उसके बाप के घर की बात पूछती वह ऐसी मीठी बातों से जवाब देती कि सब प्रसन्न हो जातीं, बिना बातों नहीं बोलती चुप की बैठी रहती वा जब औसर पाती अपनी पोथी ले बैठती मुहल्ले और बिरादरी की बैअर बानियों में धूम पड़ गई कि फलाने की बहु बड़ी चतुर है। कोई कहती बड़े घर की बेटी है इसका बाप तहसीलदार है, अंग्रेजी पढ़ा हुआ है,

अपनी बेटी को आप पढ़ाया है।''[1]

छोटी बहू जहाँ अपनी व्यवहार कुशलता और समझदारी से घर को सँभालती है, वहीं बड़ी बहू अनपढ़ है और झगड़ालू भी है, ''काम तो बहुतेरा करे थी पर बैर विपवाद रक्खे थी''[2] और कभी खाना बनाती तो ''दाल में पानी बहुत डाल देती और कभी नून जियादह कर देती और कभी डालना भूल जाती, गाँव के सी मोटी २ रोटियें करती, किसी को बहुत सेक देती और कोई कच्ची रह जाती''[3] दूसरी तरफ देवरानी समय का पूरा-पूरा सदुपयोग करती, ''जिस काम को जी चाहता ले बैठती, इस समय मुहल्ले और बिरादरी की लौं डियें दो घड़ को उसके पास बैठा करे थी, किसी को मोजा बुनना बतलाती और किसी को लिखना-पढ़ना सिखलाती और आप भी अपना काम किए जाती।''[4] दोनों देवरानी और जेठानी के व्यवहार में भी जमीन-आसमान का अन्तर था, ''दौलतराम की बहु ज्ञानो ससुराल में थी जब बैअर बानी बाहर की आती न तो बैठने को पीढ़ा देती और न उसकी बात पूछती और जो कुछ कहती तो ऐसे बोलती जैसे लड़े है सास से तो रात दिन खटपट रक्खे थी''[5]

दौलतराम जहाँ व्यापार में लग जाता है, वहीं छोटेलाल रेलवे में नौकरी करने लगता है। वास्तव में उपन्यासकार ने छोटेलाल को एक वर्ग के प्रतिनिधि के रूप में चित्रित किया है। एक ऐसा पढ़ा-लिखा वर्ग जो पैतृक व्यापार छोड़ नौकरी की ओर उन्मुख हो रहा था, जिसके कारण मध्य वर्ग अस्तित्त्व में आ रहा था। सर्वसुख ने अपने परिवार ओर व्यापार को जतन से संजोया था। पाला-पोसा और समृद्ध किया था। यहाँ पुरानी पीढ़ी की अनुकरणीय कर्मशीलता और लगन को सर्वसुख के माध्यम से देख सकते हैं। भरा-पूरा समृद्ध परिवार सुख से जीवन बिता रहा था, परन्तु जब पारिवारिक वृक्ष की शाखाएँ फली-फूली तो शाखाएँ अपनी-अपनी दिशा की ओर स्वेच्छा से बढ़ने लगीं। एक ही माँ की कोख से जन्म लेकर भी दोनों भाइयों की प्रवृत्ति कहीं से भी मेल नहीं खाती और मन-मुटाव बढ़ते-बढ़ते ऐसी नौबत आ जाती है कि दौलतराम अपनी बहू की हिमायत करते हुए माँ को ही भला-बुरा कहने लगता है। इसे देख सर्वसुख की पत्नी दौलतराम को अलग करने की सलाह देती है, जिसे सुनकर सर्वसुख ''अपना सिर पकड़कर बैठ गया और कहने लगा कि बिरादरी के लोग हँसेंगे और ठट्ठे मारेंगे किफलाने के घर लुगाईयों में लड़ाई हुई थी सो उसने अपने बड़े बेटे को जुदा कर दिया''[6] परन्तु कोशिशों के बावजूद भी सर्वसुख विघटित होते अपने परिवार को सहेजने में असमर्थ रहता है और इतने सालों से जिस परिवार को खून पसीने से सींचा उसे टूटते हुए बेबसी से देखता रह जाता है। सर्वसुख और उसकी पत्नी की मृत्यु के बाद तो नौबत यहाँ तक आ पहुँचती है कि ''जब छोटे लाल ने देखा कि बड़ा भाई किसी प्रकार से नहीं मानता साझा बाटने के नाम लड़ने को दौड़े है। एक वकील की सलाह से तकसीम की अर्जी दे दी। इस पर जवाबदेही दौलतराम

ने की कि यह सब मेरा पैदा किया हुआ है। हाकिम ने इस मुकदमे को पंचायत में भेज दिया पंचों ने न्याय की रीति से आधा बाँट दिया।''[7] अन्ततः सम्पत्ति का बँटवारा ही नियति बन जाती है।

इस उपन्यास में छोटी बहू की ममेरी बहन की बेटी किरपी के माध्यम से तत्कालीन समाज में विधवाओं की स्थिति को उजागर किया गया है। बाल-विवाह का भयावह परिणाम किरपी को दस वर्ष की अवस्था में भुगतना पड़ता है। उसे देख छोटी बहू अत्यंत दुःखी होकर कहती है, ''इस लौंडिया ने देखा ही क्या है, यह क्या जानेगी कि मैं भी जगत में आई थी, किसी के जी के कोई क्या जाने है, इसके जी में क्या-क्या आती होगी, इसके साथ की लौंडिये अच्छा खावें हैं, पहिने हैं, हँसे हैं, बोले हैं, गावें हैं, बजावे हैं, क्या इसका जी नहीं चाहता होगा, सात फेरों की गुनहगार है, पत्थर तो हमारी जाति में पड़े हैं मुसलमानों और साहब लोगों में दूसरा विवाह हो जाट है''[8] पढ़ी-लिखी छोटी बहू के मुँह से किरपी के पुनर्विवाह की बात नवजागरण के प्रभाव से समाज में स्त्री के प्रति परम्परागत दृष्टिकोण में आए बदलाव को प्रमाणित करती है। स्त्री को एक व्यक्ति रूप में स्वतंत्र व्यक्तित्व के रूप में स्वीकार करने की पहल का संकेत इस उपन्यास में देख सकते हैं। इसका यह अर्थ नहीं कि हिन्दी का यह उपन्यास स्त्री के विषय में किसी बहस की शुरुआत कर रहा था, बल्कि यही कि इसके लेखक ने एक सामाजिक बुराई पर टिप्पणी करने के क्रम में एक ऐसा सूत्र भी दे दिया है, जिसे आज स्त्री के पक्ष में प्रयोग किया जा सकता है। इस उपन्यास के रचनाकार का वास्तविक उद्देश्य उस काल में स्त्रियों की दुर्दशा का चित्रण करना था और यह बताना था कि नए समाज निर्माण के लिए स्त्री को बेड़ियों से मुक्त करना होगा। विशेषकर विधवा का जीवन जीते हुए स्त्री को जिन कठिनाइयों से गुजरना पड़ता है, उन्हें दूर किए बिना स्त्री को उसके मानवी अधिकार नहीं दिए जा सकते। यह नवजागरण के प्रभाव का ही परिणाम था।

लाला श्रीनिवास दास कृत उपन्यास 'परीक्षा गुरु' को शुक्ल जी ने आधुनिक ढंग का हिन्दी का पहला उपन्यास कहा है। इस उपन्यास में लेखक ने 19 वीं शताब्दी के उत्तरार्द्ध में भारत में आए सामाजिक, राजनीतिक और आर्थिक परिवर्तनों को रेखांकित किया है। इसकी कथा में दिखाया गया है कि दिल्ली का रईस मदनमोहन चाटुकारों से घिरा ऐय्याशी में डूबा रहता है और अपनी झूठी शान दिखाने के लिए फिजूल खर्च करता है। बिना सोचे-समझे विदेशी असबाब इकूटठा करता है और मिस्टर ब्राइट जैसा विदेशी आर्थिक रूप से लाभ कमाता जाता है। इस स्थिति को देखकर लाला ब्रजकिशोर जो पेशे से वकील है और वास्तव में मदनमोहन का मित्र है दुःखी होकर सोचता है, ''हाय! इन कारीगरी की निरर्थक चीजों के बदले हिन्दुस्तानी अपनी दौलत वृथा खोए देते हैं।''[9] इस उद्धरण से दो बातें स्पष्ट होती हैं- एक तो यह कि मिस्टर ब्राइट को अंग्रेजों का प्रतिनिधि माने तो

लेखक का सीधा-सीधा संकेत अंग्रेजों की उस साम्राज्यवादी आर्थिक नीति की ओर है, जिसकी बदौलत अंग्रेज अपनी तिजोरी तो भर ही रहे थे, साथ ही अपने को नेक भी साबित कर रहे थे। दूसरी बात यह कि देश को आर्थिक रूप से खोखला करने का काम स्वयं देशवासियों का है। अपनी नादानी और विवेकहीनता का परिचय देते हुए अंग्रेजों के अन्धानुकरण में भारतवासी अपना धन लुटा रहे थे, ''हिन्दुस्तानियों को आज कल हर बात मैं अग्रेजों की नकल करनें का चस्का पड़ ही रहा है तो भोजन वस्त्रादि निरर्थक बातों की नकल करने के बदले उनके सच्चे सद्गुणों की नकल क्यों नहीं करते? देशोपकार, करीगरी और व्यापारादि मैं उन्की सी उन्नति क्यों नहीं करते? अपना स्वभाव स्थिर रखने मैं उन्का दृष्टांत क्यों नहीं लेते?''[10] स्मरणीय है कि भारतेन्दु की रचना 'भारतदुदर्शा' (1880) और 'अन्धेर नगरी' (1881) और 'परीक्षा गुरु' लगभग एक ही परिस्थिति और परिवेश में लिखे गये हैं। भारतेन्दु जिन परिस्थितियों को देखकर कहता है, ''चूरन साहेब लोग जो खाता सारा हिन्द हजम कर जाता।''[11] उन्हीं परिस्थितियों को देख लाला श्रीनिवास दास ने वही चिन्ता इस उपन्यास में चित्रित की है।

तत्कालीन व्यापारिक वर्ग का यथार्थ उपन्यास में चित्रित रईसों से भिन्न नहीं था। मदनमोहन के पिता सफल व्यापारी थे। अपने बेटे के लिए पर्याप्त सम्पत्ति छोड़ गए थे लेकिन मदनमोहन की नालायकी और बुरी संगति में पड़ जाने से धीरे-धीरे कर्जदार होकर दिवालिया होने की नौबत तक आ पहुँचती है। ''मदनमोहन की स्त्री अपने पति की सच्ची प्रीतिमान, शुभचिंतक, दुख-सुख की साथन,और आज्ञा मैं रहनेवाली थी और मदनमोहन भी प्रारम्भ मैं उस्से बहुत ही प्रीति रखता था परन्तु जब सै वह चुन्नीलाल और शंभुदयाल आदि नएें मित्रों की संगति मैं बैठने लगा, नाचरंग की धुनलगी,बेश्याओं के झूंठे हावभाव देखकर लोटपोट हो गया।''[12] परिणामतः लेनदारों के कारण अदालत पहुँचता है। वहाँ भी कोई जवाब नहीं दे पाता और सिर झुकाए बुत बना खड़ा रहता है। अन्त में अपनी भूल पर पछताने के सिवाय कुछ नहीं कर पाता, तब उसका सच्चा मित्र ब्रजकिशोर अपनी सच्ची मित्रता का परिचय देता है। उसकी पतिव्रता पत्नी सुशीला सर्वस्व त्यागकर अपने पति को बचाने के लिए तैयार है। विपत्ति के समय आदर्श नारी के रूप में वह जिस तरह पति की विपत्ति हर लेना चाहती है, उसी तरह विपत्ति का आभास पाकर सचेत नारी की तरह चेताने की कोशिश करती है। ''मदनमोहन की स्त्री अपने पति को किसी समय मौके सै नेक सलाह भी देती है परन्तु बड़ों की तरह दबाकर नहीं . बराबर वालों की तरह झगड़कर नहीं, छोटों की तरह अपने पति की पदवी का विचार करके, स्त्रियों की ओछी समझ जताकर धीरज सै अपना भाव प्रकट करती है परन्तु लौटकर जवाब नहीं देती, बिवाद नहीं करती।''[13]

मिस्टर ब्राइट के माध्यम से लेखक ने साम्राज्यवादी आर्थिक नीतियों का चित्रण

किया है कि कैसे ये अपने मुनाफे के लिए नीतियाँ चलाते हैं और देसी रईसों को कंगाल करते हैं। देश के आर्थिक तंत्र पर विदेशियों द्वारा कब्जा जमाने की नीति का भी खुलासा किया है। अवसरवादी चाटुकार विदेशियों से मिलकर अपनी स्वार्थ पूर्ति के लिए अपने ही देशवासियों को कंगाल बनाकर देश को आर्थिक नुकसान पहुँचाने में लगे हैं। मुंशी चुन्नीलाल और शंभुनाथ ऐसे ही पात्र हैं। लाला ब्रजकिशोर एक जगह कहता है, ''मिस्टर ब्राइट इत्यादि सै तुम जो कमीशन लेते हो उस्का हाल मैं उन्के मुख से सुन चुका हूँ, तुम्हारी और शिंभुदयाल की हिस्सा पत्ती का हाल मुझे अच्छी तरह मालूम है।''[14]

स्वार्थ की यह प्रवृत्ति मुन्शियों में ही देखकर लेखक दुःखी नहीं है, बल्कि पढ़ी-लिखी नई पीढ़ी को अपनी शिक्षा का सदुपयोग न करते देखकर भी चिन्तित है। बाबू बैजनाथ को लेखक ने ऐसे ही व्यक्तियों के प्रतिनिधि के रूप में प्रस्तुत किया है, ''बाबू बैजनाथ ईस्ट इण्डियन रेलवे कम्पनी मैं नौकर था, अंग्रजी अच्छी पढ़ा था। यूरुप के सुधरे हुऐ विचारों को जान्ता था परन्तु स्वार्थपरता नें इस्के सब गुण ढक रक्खे थे. विद्या थी पर उस्के अनुसार व्यवहार न था।''[15] लेखक अपनी चिन्ता सीधे ढंग से एक एडिटर के रूप में प्रकट करता है, ''हिन्दुस्थान मैं बिद्या, सर्व साधारण की अनुमति जान्ने का, देशान्तर के वृतान्त जान्ने का, और देशोंन्नति लिये देश हितकारी बातों पर चर्चा करने का व्यसन अभी बहुत कम है।''[16] देश की वास्तविकता को जानते हुए सुधार की कामना इन पंक्तियों में साफ देखी जा सकती है। लेखक ने तत्कालीन भारत की शिक्षा पद्धति और शिक्षितों की स्थिति पर गहरी चिन्ता प्रस्तुत की है।

लेखक ने इस उपन्यास में पाठकों को संबोधन करने की पद्धति को भी अपनाया है। ब्रजकिशोर को परमेश्वर का उत्तम पदार्थ बताते हुए वह पाठकों से कहता है, ''अच्छा! अब थोड़ी देर और कुछ काम नहीं है जितनें थोड़ा सा हाल इन्का सुनिये.''[17] उपन्यास के कुल 41 अध्याय हैं, जिसे लेखक ने प्रकरण-1 से प्रकरण-41 तक की संख्या दी है। प्रत्येक प्रकरण किसी न किसी उद्धरण से प्रारम्भ किया गया है जो पूरे अध्याय का सार प्रस्तुत करने वाला होता है। उद्धरण वेदों-उपनिषदों, संहिताओं, धार्मिक ग्रंथों, मनुस्मृति या संस्कृत के श्लोक के रूप में भी है और लार्ड चेस्टरफील्ड और अलेक्सेंड्र पोप की अंग्रेजी पंक्तियों के रूप में भी।

नवजागरण काल का एक अति चर्चित उपन्यास है, चन्द्रकान्ता। नौगढ़ के राजकुमार वीरेन्द्र सिंह और विजयगढ़ की राजकुमारी चन्द्रकांता की प्रणय कथा के साथ ही इसमें एयार तेज सिंह और ऐयार चपला के बीच धीरे-धीरे पनपता प्रेम भी है। चार भागों में विभक्त कथानक में तिलिस्म, ऐयारी, ऐयारों की नैतिकता, वचन पालन, जंगल, किले, खंडहर, खोहें, गुफाएँ, चमत्कारों की भीड़, युद्ध, हत्याएँ, आशा-निराशा के कल्पना प्रधान चित्र, सामंती अहं, वीरता, पौरुष, अकूत खजाने और चकित कर देनेवाली वर्णन

शैली भरपूर ढंग से मौजूद है। तिलिस्म और ऐयारी इस उपन्यास के केन्द्र में हैं। अरबी भाषा में तिलिस्म का अर्थ होता है, ऐन्द्रजालिक रचना और ऐयार कहा जाता है उस व्यक्ति को जो हर प्रकार का छद्म जानते हो तथा वेश बदलकर काम निकालना जानता हो। चन्द्रकांता की भूमिका में ऐयार को हरफनमौला, सूरत बदलने वाला, बहुत सी दवाओं को जानने वाला, गाने बजाने, जासूसी करने में कुशल कहा गया है। इसी भूमिका में देवकीनंदन खत्री ने यह भी कहा है कि "इन ऐयारों का बयान हिंदी किताबों में अभी तक मेरी नजरों से नहीं गुजरा। अगर हिन्दी पढ़ानेवाले इस आनन्द को देख लें, तो कई बातों का फायदा हो। सबसे ज्यादा फायदा तो यह कि ऐसी किताबों को पढ़ने वाला किसी के धोखे में नहीं पड़ेगा।"[18] देवकीनंदन खत्री का दूसरा वाक्य यह बताता है कि उस काल में इतना छल-छंद फैल गया था कि समाज में चिन्ता व्याप्त होने लगी थी और लेखक ने इसे अपनी रचना का एक उद्‌देश्य माना है।

तिलिस्म के बारे में चन्द्रकांता के चौथे अध्याय के बीसवें बयान में जानकारी मिलती है। सुरेन्द्र सिंह के सवाल के जवाब में बाबा कहता है, "तिलिस्म वही शख्स तैयार करता है, जिसके पास बहुत माल खजाना हो और कोई वारिस न हो। तब वह अच्छे-अच्छे ज्योतिषियों और नजूमियों से दरियाफ्त करता है कि उसके या उसके भाइयों के खानदान में कभी कोई प्रतापी या लायक वारिस पैदा होगा या नहीं? आखिर ज्योतिषी या नजूमी इस बात का पता देते हैं कि इतने दिनों के बाद आपके खानदान में एक प्रतापी लड़का होगा, बल्कि उसकी एक जन्मपत्री लिखकर तैयार कर देते हैं। उसी के नाम से खजाना और अच्छी-अच्छी कीमती चीजों को रखकर उस पर तिलिस्म बाँधते हैं।

"आजकल तो तिलिस्म बाँधने का कायदा है कि थोड़ा बहुत खजाना रखकर उसकी हिफाजत के लिए दो एक बलि दे देते हैं, वह प्रेत या साँप होकर उसकी हिफाजत करता है और कहे हुए आदमी के सिवाय दूसरे को एक पैसा लेने नहीं देता, मगर पहले यह कायदा नहीं था। पुराने जमाने के राजाओं को जब तिलिस्म बाँधने की जरूरत पड़ती थी, तो बड़े-बड़े ज्योतिषी, नजूमी, वैद्य कारीगर और तांत्रिक लोग इकट्ठे किए जाते थे। उन्हीं लोगों के कहे मुताबिक तिलिस्म बाँधने के लिए जमीन खोदी जाती थी। उसमें ज्योतिषी, नजूमी, वैद्य, कारीगर और तान्त्रिक लोग अपनी ताकत के मुताबिक उसमें छिपाने की बंदिश करते थे, मगर इसके साथ ही उस आदमी के नक्षत्र और ग्रहों का भी खयाल रखते थे, जिसके लिए वह खजाना रखा जाता था।"[19]

इससे स्पष्ट है कि चन्द्रकांता में वे सब बातें हैं, जिनका उल्लेख इस संवाद में किया गया है। वीरेन्द्र और चन्द्रकांता की यह प्रेम कहानी चमत्कारों तथा असंभव घटनाओं के सहारे एक ऐसा प्रभाव पैदा करने में सफल होती है कि उस जमाने में अनेक लोग केवल चन्द्रकांता पढ़ने के लिए ही हिन्दी सीखने को तैयार हो जाते हैं। यह नवजागरण काल में

हिंदी के इस उपन्यास के प्रभाव का प्रमाण है।

चन्द्रकांता को एक चमत्कारी प्रेमाख्यान मानने के साथ ही इस बात की ओर भी ध्यान दिया जाना चाहिए कि इसमें कुछ और तत्त्व भी मौजूद हैं। तत्कालीन राजाओं के बीच होनेवाले संघर्षों के कारणों की तलाश करके देवकीनंदन खत्री ने हमारे इतिहास के निर्बल पक्ष को सामने रखा है जो उस काल की दृष्टि से जरूरी काम था। इसी उपन्यास में हिन्दू-मुस्लिम सम्बन्धों का उस काल का यथार्थ रूप भी दर्शाया गया है। दोनों समुदायों में आज जिस कट्टरता के दर्शन हो रहे हैं और जो भारत के विकास में बहुत बड़ी बाधा बनी हुई है, उसके बीच उसी काल में विकसित होने शुरू हो गए थे, जिस काल में हिन्दी उपन्यास पैरों चलने की तैयारी कर रहा था। मुख्य कथा के साथ ही यदि इस पक्ष पर भी ध्यान दिया जाए, तो समझ में आ जाएगा कि चन्द्रकांता में भी नवजागरण का मूल्यगत प्रभाव पूरी तरह अनुपस्थित नहीं है।

संदर्भ

1. देवरानी जेठानी की कहानी, पं.गौरीदत्त, प्रस्तुतकर्त्ता-जगनन्दन तिक्खा,द्वितीय संस्करण-2006, पृ. 31
2. वही, पृ. 38
3. वही, पृ. 35
4. वही, पृ. 35
5. वही, पृ. 32
6. वही, पृ. 44
7. वही, पृ. 66
8. वही, पृ. 54
9. परीक्षा गुरु, लाला श्रीनिवास दास,ग्रंथ विकास,जयपुर, संस्करण-2004 पृ. 10
10. वही, पृ. 140
11. अन्धेर नगरी, भारतेन्दु, साहित्यागार, जयपुर-1989, पृ. 52
12. परीक्षा गुरु, लाला श्रीनिवास दास, ग्रंथ विकास जयपुर, संस्करण-2004, पृ. 109
13. वही, पृ. 111
14. वही, पृ. 145
15. वही, पृ. 50
16. वही, पृ. 71
17. वही, पृ. 117
18. चन्द्रकांता, देवकीनंदन खत्री, भूमिका,संस्करण-2012, हिन्दी बुक सेंटर,दिल्ली, पृ. 9
19. वही, पृ. 240

प्रेमचन्द : सामाजिक जागरण और प्रतिज्ञा

हिन्दी साहित्य में उपन्यास सम्राट के रूप में प्रसिद्ध मुंशी प्रेमचन्द का आविर्भाव उस समय हुआ, जब हमारे देश की सामाजिक, राजनीतिक और आर्थिक स्थिति अत्यन्त शोचनीय थी। भारतीय स्वाधीनता आन्दोलन की धारा के साथ-साथ धार्मिक सुधार की धारा भी बह रही थी। जाति प्रथा, छुआछूत, दलितों की स्थिति, नारी की पराधीनता, अनमेल विवाह, वेश्यावृत्ति, विधवाओं की स्थिति, धार्मिक कर्मकांड, रूढ़ियों और बाह्याडम्बरों के प्रति लोग धीरे-धीरे सचेत हो रहे थे। 19वीं शताब्दी के समाज सुधार आन्दोलनों और समाज सुधारकों के सती-प्रथा के उन्मूलन, स्त्री शिक्षा, विधवा विवाह, बाल-विवाह, अछूत प्रथा आदि की समाप्ति के लिए किए गए बहुस्तरीय संघर्ष की विरासत प्रेमचन्द को उत्तराधिकार में मिली थी।[1] 20वीं शताब्दी का भारतीय सुधार 19वीं शताब्दी के स्वाधीनता संग्राम का परिणाम है। भारतीय जागरण का मूल स्वर समाज-सांस्कृतिक और समाज-धार्मिक है। इसे आकार देने में राजाराम मोहनराय, ईश्वरचन्द्र विद्यासागर, केशवचन्द्र सेन, महर्षि दयानन्द सरस्वती, रामकृष्ण परमहंस, महर्षि अरविन्द और स्वामी विवेकानन्द की महत्त्वपूर्ण भूमिका है। इन सभी ने समाज के दबे-कुचले स्त्री-पुरुषों को उनके वास्तविक अधिकार दिलाने का आन्दोलन चलाया। इनकी विचारधारा में जो थोड़ा-थोड़ा अन्तर दिखाई देता है, उसे हम भारतीय सामाजिक जागरण भिन्न-भिन्न अन्तरधाराओं में अनुभव कर सकते हैं।

जब प्रेमचन्द उर्दू से हिन्दी में आए तो भारतीय जीवन में एक ओर गाँधीजी के आगमन की भूमिका बन रही थी तो दूसरी ओर रूसी क्रान्ति काफी निकट थी। जब प्रेमचन्द का पहला हिन्दी उपन्यास सामने आया तो गाँधी जी धूमकेतु की भाँति उदित हो चुके थे और बॉलशेविक क्रान्ति की सफलता के कन्धों पर बैठकर मार्क्स भारत आ चुके थे। प्रेमचन्द ने इन दोनों को बहुत निकट से जाँचा परखा था। इसी के साथ प्रेमचन्द के सामने भारतेन्दु और द्विवेदी काल में विकसित हिन्द की वह कथा लेखन परम्परा भी थी, जिसके मूल में आदर्श और कहीं-कहीं भावादर्श प्रधान समाज-सुधार की इच्छा थी। 'परीक्षा गुरु' उपन्यास प्रेमचन्द के उदय के पूर्व ही आ चुका था, जिसमें लाला श्रीनिवास

दास ने लाला मदनमोहन के माध्यम से तत्कालीन रईसों की ऐयाशी और प्रदर्शनप्रियता के कारण आनेवाली स्थिति को दिखाते हुए साम्राज्यवादी आर्थिक नीति का खुलासा किया है। उपन्यास में सुबह का भूला नायक शाम को घर लौट आता है परन्तु इस बीच वह सब कुछ गवाँ चुका होता है। विपत्ति एक गुरु की भाँति उसकी परीक्षा लेती है और यर्थाथ से अवगत कराती है।

कहा जा सकता है कि प्रेमचन्द के सामने आदर्श प्रधान सामाजिक चेतना की पूरी एक दुनिया थी, जिसे उन्हें अपने विचार दर्शन के प्रकाश में फिर से रचना-बुनना था। प्रेमचन्द सही मायने में युगदृष्टा और युगस्रष्टा थे। उन्होंने हिन्दी साहित्य में एक युगान्तर उपस्थित किया है। उनकी रचनाएँ समाज सुधार और राष्ट्रीय प्रेरणा से अनुप्रेरित हैं। "प्रेमचन्द के समय का समाज और उस समाज के उद्वेलन अपनी पूरी गहराई और विस्तार में मूर्त हुए हैं, एक सोद्देश्य रचनाशीलता का अंग बनकर समाज और जिन्दगी के बुनियादी प्रयोजनों से भिन्न होकर जिन्दगी के अहम सवालों से जुड़ी एक सार्थक और सोद्देश्य रचनाशीलता प्रेमचन्द की परम्परा की पहली जरूरी पहचान है।"[2] उन्होंने अपने समय को उतारते हुए उसमें पर्याप्त सुधार की आवश्यकता प्रतिपादित की है। मानव हित के उद्देश्यों से प्रेरित इनकी रचनाएँ अपने युग की सामाजिक, राजनीतिक और आर्थिक परिस्थितियों का प्रतिनिधित्व करती हैं। इनमें दीन-हीन लाचार किसानों की दशा, सामाजिक बन्धनों में तड़पती नारी की वेदना, वर्ण व्यवस्था की कठोरता से संत्रस्त हरिजन की पीड़ा का वर्णन यथार्थ के धरातल पर किया गया है। इन लाचार और विवश वर्गों के प्रति प्रेमचन्द गहरी सहानुभूति रखते हैं। उन्हें आश्रय देना इन्हें अत्यंत प्रिय है। वे साहित्य को बौद्धिक ऐयाशी या मनोरंजन का साधन मात्र न मानकर एक ऐसी सच्चाई मानते हैं,जो देश-भक्ति और राजनीति के पीछे न चलकर उसको मशाल दिखाती हुई चलती है।[3]

प्रेमचन्द को विरासत के रूप में जो साहित्यिक परम्परा मिली, उसका ऐतिहासिक महत्त्व होते हुए भी उसे युगानुरूप नहीं कहा जा सकता। उनके सामने देवकीनन्दन खत्री, किशोरीलाल गोस्वामी, गोपाल राम गहमरी के प्रेम प्रधान, जादू भरे रहस्य और रोमांच से भरपूर तिलस्मी, ऐय्यारी और जासूसी उपन्यासों की परम्परा थी। इन उपन्यासों ने हिन्दी साहित्य के पाठकों का भरपूर मनोरंजन तो किया पर उन्हें जीवन की वास्तविकताओं से परे ही रखा। ऐसे समय में प्रेमचन्द ने ही पाठकों को कल्पना के भूल-भूलैये से निकालकर यथार्थ की धरती पर खड़ा किया। उन्होंने अपनी रचनाओं में समाज की जिन परिस्थितियों को उकेरा, जिस परिवेश में उनके पात्र क्रिया-प्रतिक्रिया करते नजर आए, वे उनकी कोरी कल्पना से उद्भूत नहीं थे बल्कि जिस समाज में वे साँस ले रहे थे, जी रहे थे, उठ बैठ रहे थे, जूझ रहे थे, उसी को ही रचना के आधार रूप में प्रस्तुत किया है। यह कहना गलत न होगा कि पूर्व परम्परा से पृथक उन्होंने नवजागरण कालीन कथा साहित्य की सामाजिक,

सांस्कृतिक और राजनीतिक चेतना की धारा को ही गति देकर लोगों का ध्यान आकर्षित किया। स्वयं उन्होंने अपने लिए पाठक-वर्ग तैयार किया। वे उपन्यास को जीवन का प्रतिबिम्ब मानते थे और इसी के माध्यम से नैतिकता का एक स्तर स्थापित करने का प्रयास करते थे। उन्होंने रोचक कथा गढ़ते हुए उसमें सामाजिकता और मनोरंजन का मिश्रण किया। रामविलास शर्मा ने लिखा है, ''वह एक युग-निर्माता साहित्यकार थे, केवल साहित्य में युग को नाम देनेवाले नहीं, बल्कि अपने समय के सामाजिक जीवन को नई गति और एक नई दिशा प्रदान करनेवाले।''[4] यद्यपि उनके प्रारम्भिक उपन्यास आदर्शवादी-सुधारवादी संस्कारों की सूचना देते हैं। जैसे-जैसे वे आगे बढ़ते हैं, सामाजिक यथार्थ के प्रति उनकी प्रतिबद्धता गहरी होती चली जाती है। परवर्ती उपन्यासों में जिन चरित्रों का विकास हुआ है, उनके बीज प्रारम्भिक उपन्यासों में दिखाई देते हैं।

सन् 1904 में प्रकाशित हम खुरमा व हमसबाब ऐसा ही उपन्यास है। 1907 में यह प्रेमा के नाम से प्रकाशित हुआ था और इसी का संशोधित रूप 'प्रतिज्ञा' 1929 में प्रकाशित हुआ। प्रतिज्ञा का कथ्य समाज के महत्त्वपूर्ण अंग नारी की समस्याओं से सम्बन्धित है। यह कहा जा सकता है कि हिन्दी कथा साहित्य में दलित-विमर्श की तरह नारी-विमर्श का सूत्रपात भी प्रेमचन्द ने किया। इस उपन्यास में उन्होंने विधवाओं की समस्या को केन्द्र में रखकर सामाजिक कुरीतियों के कारण होनेवाली विधवाओं की दुर्गति का भंडाफोड़ किया है। काशी के आस-पास घटित घटनाओं के माध्यम से इस उपन्यास का ताना-बाना बुना गया है। काशी के एक आर्य मन्दिर में विधवाओं के पुनर्विवाह पर होनेवाले व्याख्यान से प्रभावित होकर अमृतराय भरी सभा में किसी विधवा से विवाह करने की प्रतिज्ञा करता है। उसका दोस्त दाननाथ से अपनी साली और उसके मंगेतर प्रेमा की याद करवाता है पर अमृतराय पर कोई असर नहीं होता। वह अपनी प्रतिज्ञा पर दृढ़ रहता है और विधवा-उद्धार जैसे सामाजिक सुधार के कार्यक्रमों में महत्त्वपूर्ण भूमिका निभाता है। प्रेमचन्द ने तत्कालीन परिस्थितियों में स्त्री-विशेषकर विधवाओं की दयनीय स्थिति को पूर्णा के माध्यम से चित्रित किया है। पूर्णा के पति की मृत्यु के बाद उसके पड़ोसी लाला बदरीप्रसाद अपने बेटे कमलाप्रसाद से कहकर उसे आश्रय देने की दृष्टि से अपने घर बुलवाते हैं। लाला की बेटी प्रेमा भी पूर्णा की सहेली है, इसलिए आश्रय का अन्य कोई माध्यम न देख अन्ततः वह लाला के घर रहने के लिए तैयार हो जाती है। पति की मृत्यु के बाद एक भारतीय स्त्री की दयनीय स्थिति का चित्रण इस प्रसंग में किया गया है, ''पूर्णा आज बहुत देर तक प्रेमा के पास न बैठी। चित्त बहुत उदास था। आज उसकी अपनी दशा क्या से क्या हो गई थी; वह आज उसकी समझ में आ रहा था।''[5] उसकी दीन दशा, विवशता विकराल रूप धारे खड़ी थी और उसके पास उसे झेलने के सिवाय कोई चारा न था। समाज की कुदृष्टि से बचने के लिए उसे जहाँ सहारा मिला वहीं

रहना था। कमलाप्रसाद के सहानुभूति पूर्ण शब्दों ने उसे ढाढ़स ही दिया था। ''आश्रयविहीन अबला के लिए इस समय तिनके का सहारा ही बहुत था, तो वह नौका की कैसे अवहेलना करती; पर वह क्या जानती थी कि उसको उबारनेवाली नौका नहीं वरन् एक विचित्र जल-जन्तु है, जो उसकी आत्मा को निगल जाएगा।''[6] आगे जाकर उसके साथ ऐसा ही होता है। कमलाप्रसाद अपनी पत्नी का जब-तब अपमान करता रहता है। एक बार कमलाप्रसाद सुमित्रा और पूर्णा दोनों के लिए एक जैसी साड़ी लेकर आता है, पूर्णा लेने से इंकार करती है तो कमलाप्रसाद बार-बार उसे स्वीकारने के लिए आग्रह करने लगता है। इस प्रसंग के बाद सुमित्रा पूर्णा पर सन्देह करने लगती है। उसकी बातों में पूर्णा कई बार कटाक्ष भी महसूस करने लगती है, जिससे आहत होकर वह अपने से ही कह उठती है, ''क्या उसके विचार में मैं प्रेमक्रीड़ा करने के लिए आई और लाई गई? इससे आगे पूर्णा और कुछ सोच न सकी, लम्बी ठंडी साँस खींचकर वह फर्श पर लेट गई। मानो यमराज को आने का निमंत्रण दे रही हो। हा भगवान! वैधव्य क्या कलंक का दूसरा नाम है।''[7] विधवा होते ही समाज के ठेकेदार स्त्री पर कहर ढाने लगते हैं। वह कुछ करे या न करे लोगों की अँगुली उस पर उठने केलिए तैयार रहती है। इस यथार्थ का चित्रण इस प्रकार किया है, ''विधवा पर दोषारोपण करना कितना आसान है। जनता को उसके विषय में नीची से नीची धारणा करते देर नहीं लगती, मानो कुवासना ही वैधव्य की स्वाभाविक वृत्ति है, मानो विधवा हो जाना मन की सारी दुर्वासनाओं, सारी दुर्बलताओं का उमड़ आना है।''[8] इसी स्थिति से पूर्णा को भी गुजरना पड़ता है। विधवा होने के कारण वह भी विपत्तियाँ सहने के लिए विवश है। दूसरी तरफ सुमित्रा का दाम्पत्य जीवन भी पति की उपेक्षा के कारण सुख से कोसों दूर है। विवाह को जहाँ आत्माओं का मिलन कहा जाता है, वहीं पति-पत्नी दोनों को अनेक स्तरों पर समझौते भी करने पड़ते हैं। एक-दूसरे को आत्मसात कर एक-दूसरे की इच्छा का आदर करना होता है। अपना मान रखते हुए एक-दूसरे के व्यक्तित्व का आदर करना होता है। ऐसा न होने पर जीवन विशाक्त बन सकता है। दोनों के कदम भी बहक सकते हैं। ऐसे में दोनों से वफादारी की आशा करना व्यर्थ सा लगता है। कमलाप्रसाद इसका उदाहरण है। उसका पूर्णा की ओर आकर्षित होना और उसे बहलाने-फुसलाने का प्रयास करना; यही सिद्ध करता है। परिवर्तित परिस्थितियों के कारण आज स्त्रियाँ भी ऐसे कदम उठाएँ तो आश्चर्य नहीं होगा, परन्तु प्रेमचन्द जिस युग में जी रहे थे और साहित्य के माध्यम से जिस आदर्श समाज की स्थापना करना चाहते थे, उसके अनुसार सुमित्रा पति के प्रति एकनिष्ठ रहती है। अपनी किस्मत का रोना रोकर रह जाती है। माता-पिता का का कर्तव्य बेटी की शादी के साथ नहीं हो जाता पर माता-पिता अपने को इस जिम्मेदारी से मुक्त समझकर कई बार बेटी की शिकायतों और समस्याओं को नजरंदाज करने लगते हैं। यह स्थिति कमोबेश आज के अति आधुनिक युग में भी बनी

हुई है। सुमित्रा के माध्यम से इस समस्या का चित्रण किया गया है, "वह विपत्ति क्या मेरे सिर नहीं है, बहन?अगर मुझे कहीं आश्रय होता, तो इस घर में एक क्षण भी न रहती। सैकड़ों बार माता-पिता को लिख चुकी हूँ कि मुझे बुला लो, मैं आजीवन तुम्हारे चरणों में बनी रहूँगी, पर उन्होंने भी मेरी ओर से अपना हृदय कठोर कर लिया। जवाब में उपदेशों का पोथा रँगा हुआ आता है, जिसे मैं कभी नहीं पढ़ती।"[9] शहर के रईस की बहू होने मात्र से संतुष्ट न होने से वह भीतर ही भीतर टूट जाती है और चिड़चिड़ी हो जाती है। पति के प्रति भी उसका व्यवहार अत्यंत कठोर हो जाता है। यही नहीं पुरुष वर्ग के प्रति द्वेष का भाव रखने लगती है और उसे ही स्त्री शोषण का मुख्य कारण मानते हुए स्त्री को इसका डटकर मुकाबला करने के पक्ष में अपनी राय देते हुए कहती है, "हरेक स्त्री अपने पास तेज छुरा रखे। अगर कोई पुरुष उन्हें छेड़े, तो जान पर खेल जाए- छुरी भोंक दे। ऐसी दस-बीस घटनाएँ हो जाएँगी तो मर्दों की नानी मर जाएगी। फिर कोई स्त्री की ओर आँख न उठा सकेगा।"[10] सुमित्रा के मुख से ये बातें जैसे प्रेमचन्द स्वयं बोल रहे हैं। वे स्त्री सशक्तिकरण के पक्ष में अपनी बात रखते नजर आते हैं, इसलिए प्रेमचन्द ने दबी-कुचली नारी नहीं बल्कि अन्याय का खुलकर विरोध करनेवाली सशक्त नारी के रूप में चित्रित किया है। यह भी समय का सच है कि उसके ईमानदारी और सच्चाई से पूर्ण दबंग व्यवहार के कारण ही उसे पति की उपेक्षा सहनी पड़ती है। घर के प्रति भी उसके अलगाव का कारण भी यही है ; लेकिन नारी हृदय पति के प्रेम से वंछित रहकर सुखी नहीं है, इसी लिए वह अपने को पूर्णा से भी अधिक दुःखी मानती है, तभी तो कहती है, "हम दोनों दुखिया हैं। तुम्हारे हृदय में सुखद स्मृतियाँ हैं, मेरे में वह भी नहीं। मैंने सुख देखा ही नहीं और न देखने की आशा ही रखती हूँ।"[11] वह भी पति के उपेक्षापूर्ण व्यवहार का जवाब उपेक्षा से देती है। पति का तिरस्कार करती हुई कहती है, "जो कहेगा वह सुनेगा ही, हजार बार सुनेगा। दबे वह, जो किसी का दिया खाती हो। मैं तो अपने बाप से भी कभी नहीं दबी, इनको क्या मैं जानती नहीं हूँ। सौ-सौ शादियाँ करने की बात करते हुए भी जिन्हें लज्जा न आए, वह भी कोई आदमी है।"[12] सुमित्रा दुःखी होकर भी अपने व्यक्तित्व को मिटाने के लिए तैयार नहीं है।

प्रेमचन्द समाज में स्त्री-पुरुष समता के पक्षधर हैं इसलिए सुमित्रा के माध्यम से वे दहेज प्रथा जैसी समाज की कुरीति पर भी चोट किए बिना नहीं रहे। एक प्रसंग में सुमित्रा कहती है, "मजा तो तब आए, जब लड़कीवाले भी लड़कियों का दहेज लेने लगे। बिना भरपूर दहेज लिए विवाह ही न करें। तब पुरुषों के होश ठिकाने हो जाएँ। मेरा तो अगर बाबूजी विवाह न करते, तो मुझे कभी इसका ख्याल भी न आता। मेरी समझ में यही बात नहीं आती कि लड़की वालों को ही लड़की ब्याहने की इतनी गरज क्यों होती है।"[13] प्रेमचन्द ने नारी स्वाधीनता का सम्बन्ध आर्थिक स्वावलंबन से सीधा जोड़ दिया है। जब

तक स्त्री के हाथ में आर्थिक शक्ति नहीं आ जाती तब तक उसे दूसरों का मुँह ताकना ही पड़ेगा। उसे अपनी छोटी से छोटी इच्छा पूरी करने के लिए भी दूसरों पर निर्भर रहना पड़ेगा। जब तक स्त्री इस सच्चाई को स्वीकार नहीं कर लेगी, अपनी यथार्थ स्थिति को भी नहीं समझ पाएगी। सुमित्रा इस सच से वाकिफ है, इसलिए कहती है, ''बेचारी औरत कमा नहीं सकती, इसलिए उसकी यह दुगर्ति है। लेकिन मैं कहती हूँ, अगर मर्द अपने परिवार भर को खिला सकता है, तो क्या स्त्री अपनी कमाई से अपना पेट नहीं भर सकती?''[14] अपनी अस्मिता के प्रति सजग सुमित्रा पति की बेरुखी बरदाश्त नहीं करती। पति के अनुचित व्यवहार के प्रति आक्रोश प्रकट हुई कहती है, ''मैं तो आप ही कहती हूँ भाई! स्त्री पुरुष की जूती के सिवाय और है ही क्या? पुरुष चाहे जो हो- चोर हो ठग हो, व्यभिचारी हो, शराबी हो- स्त्री का धर्म है कि उसकी चरण-रज धो-धोकर पिये?''[15] प्रेमचन्द के परवर्ती उपन्यासों में पुरुष के अत्याचारों के विरुद्ध आवाज उठानेवाली स्त्री- धनिया(गोदान), सुमन(सेवासदन) आदि के विद्रोही चरित्र का प्रारंभिक स्वरूप सुमित्रा के चरित्र में दिखाई देता है।

प्रेमचन्द ने पूर्णा के चरित्र को यथार्थ के रंगों से रँगते हुए व्यक्ति की सहज स्वाभाविक वृत्ति और मानवीय कमजोरियों का चित्रण किया है। आश्रयहीन को प्रेमपूर्ण आश्रय मिलने की संभावना दिख जाए तो उसे समाज के नियमों- कानूनों और नैतिकता- अनैतिकता जैसे प्रश्न परेशान नहीं करते, बल्कि वह उन्हें ही सही मानने का तर्क देने लगता है। वह अपने जीने के अधिकारों के प्रति सचेत हो उठता है। कमलाप्रसाद के बार-बार प्रेम जताने का और उसकी चिकनी-चुपड़ी बातों का इतना असर होता है कि ''उसका विचलित हृदय पति-भक्ति, संयम और व्रत के विरुद्ध भाँति-भाँति की तर्कनाएँ करने लगा। क्या वह मर जाती तो उसके पति पुनर्विवाह न करते? अभी उनकी अवस्था ही क्या थी? पच्चीस वर्ष की अवस्था में क्या विधुर जीवन का पालन करते? कदापि नहीं। अब उसे याद ही न आता था पंडित वसंतकुमार ने उसके साथ कभी उतना अनुरक्त प्रेम किया था।''[16] यह स्पष्ट है कि स्त्री की नैसर्गिक इच्छाएँ विधवा हो जाने से खत्म नहीं हो जातीं। शास्त्र-पुराण, रीति-रिवाजों के लिए विधवा सिर्फ विधवा होती है, तो क्या वह औरत नहीं रहती? स्त्री की हर इच्छा पर समाज नैतिकता का पहरा लगा देता है और अगर वह विधवा हो तो उसके लिए सारे रास्ते ही बन्द हो जाते हैं। अन्य स्त्रियों की तरह उसके मन में कोई इच्छा-आकांक्षा जगे उससे पहले ही समाज के ठेकेदार उसे कुचलने के लिए तैयार रहते हैं। भविष्य की सुखद कामना मनुष्य की स्वाभाविक वृत्ति है। पूर्णा भी कुछ पल के लिए ही सही सुख की कामना करने लगती है। दुःख-कष्ट और अन्याय सहती पूर्णा समाज के ढकोसलों के प्रति विरोध प्रकट करती है, ''क्या रो-रोकर प्राण देने के लिए ही उसका जन्म हुआ है? स्वर्ग और नरक सब ढकोसला है। अब इससे दुखदायी

नरक क्या होगा? जब नरक में ही रहना है, तो नरक ही सही। कम से कम जीवन के कुछ दिन आनन्द से कटेंगे, जीवन को कुछ सुख तो मिलेगा। जिससे प्रेम हो, वही अपना सब कुछ। विवाह और संस्कार सब दिखावा है।...विवाह क्या स्त्री को पुरुष से बाँध देता है? वह मन मिले का सौदा है। स्त्री और पुरुष का मन न मिला, तो विवाह क्या मिला देगा? बिना विवाह हुए स्त्री-पुरुष आजीवन प्रेम से रहते हैं।''[17] यह आधुनिक नारी की आवाज थी।

पूर्णा के सन्दर्भ में कमलाप्रसाद की उस मानसिकता को देखा जा सकता है, जो सबके सामने तो अपने को संयमित और संस्कारशील दिखाता है परन्तु पूर्णा के सहज-सुलभ होने का पूरा फायदा उठाना चाहता है। उसकी लाचारी, सरलता, दीनता और आश्रयहीनता ने उसकी कुप्रवृत्ति को जगा दिया था और यह कुप्रवृत्ति उस पर इतना हावी हो जाती है कि वह असहाय नारी उसे एक शिकार ही नजर आने लगती है। ''उसकी आतुर दृष्टि पूर्णा के रक्तहीन मुखमंडल पर जमी हुई थी। उसके हृदय में कामवासना की प्रचंड ज्वाला दहक उठी। उसकी सारी चेष्टा, सारी चेतना सारी प्रवृत्ति एक विचित्र हिंसा के भाव से आन्दोलित हो उठी। हिंसक पशुओं की आँखों में शिकार करते समय जो स्फूर्ति कमला की आँखों में झलक उठी।''[18] वह अपनी हवस शांत करने के लिए चिकनी-चुपड़ी बातों से बहला-फुसलाकर पूर्णा को बाग में ले जाता है, पर वह उसकी कामुकता की शिकार होने से बच ही नहीं जाती, बल्कि उसे घायल भी कर देती है। उसकी ऐयाश प्रवृत्ति से पर्दा उठ जाता है। साफ हो जाता है कि प्रगतिशील- सुधारवादी विचारों का विरोध करनेवालों की नीयत क्या थी। क्यों वे 'वनिता आश्रम' जैसे विधवाओं के शरणस्थल के निर्माण का विरोध कर रहे थे। दूसरी ओर अमृतराय विधवा उद्धार के कार्यों में लगा रहता है। वनिता आश्रम खोलने में भी सफल हो जाता है। अन्ततः पूर्णा भी इसी आश्रम में पहुँच जाती है। अमृतराय एक विधवा से विवाह करने के बजाय एक आश्रम खोलकर अपनी प्रतिज्ञा का पालन करता है।

'प्रतिज्ञा' में मूलतःविधवाओं की समस्याओं का चित्रण हुआ है। विधवा समस्या मूलतः समाजार्थिक समस्या है और हमारी समाज व्यवस्था का ढाँचा ही इस समस्या का मूल कारण है। अगर समाज-व्यवस्था ही दोषपूर्ण है, तो उसमें बाहरी सुधार का नहीं बल्कि समूल परिवर्तन की जरूरत है। किसी भी समाज के चतुर्दिक विकास के लिए स्त्री-पुरुष दोनों को समान सामाजिक अधिकार मिलना चाहिए; नहीं तो जब तक समाज पर पुरूष की प्रभुता बनी रहेगी, वह स्त्री को अपनी गर्हित स्वार्थपूर्ति के लिए प्रयोग में लेता रहेगा। प्रेमचन्द ने अपनी व्यापक दृष्टि का परिचय देते हुए अपने युग के अनुकूल विधवा पुनर्विवाह और विधवा आश्रम की स्थापना को समाधान के रूप में प्रस्तुत किया है। यद्यपि प्रेमचन्द के विधवा- आश्रम की स्थापना वाले समाधान से पूरी तरह सहमत

नहीं हुआ जा सकता, परन्तु इसे पूर्णतः काल्पनिक समाधान के दायरे में भी नहीं रखा जा सकता। वस्तुतः उस युग में सुधारवाद की लहर चल रही थी। हमारे राष्ट्रीय जागरण का एक अहम पक्ष समाज-सुधार था, जिसे स्वाधीनता के लिए अनिवार्य माना जाता था। आश्चर्य नहीं कि प्रेमचन्द के आरंभिक लेखन पर इसका प्रभाव है। इसी ओर संकेत करते हुए इन्द्रनाथ मदान लिखते हैं-''प्रतिज्ञा रक्त-मांस के पात्रों वाले उपन्यास की अपेक्षा विधवाओं के उद्धार की समस्या से अधिक सम्बन्ध रखता है। इस उपन्यास में घटनाओं की प्रधानता इस बात की सूचक है कि यह उनकी आरंभिक कृति है। पात्र और कथावस्तु दोनों ही सामाजिक ध्येय और सुधार भावना के अधीन हैं।''[19] यहाँ ध्यान देने की बात यह है कि प्रेमचन्द द्वारा प्रस्तुत समाधान को उस युग के सन्दर्भ में ही जाँचा-परखा जाना चाहिए। समय के परिवर्तन के साथ आज विधवा-समस्या इतनी विकट नहीं प्रतीत होती , पर आज भी विभिन्न आश्रमों की स्थापना की जाती है। यहाँ प्रश्न आश्रम की स्थापना पर न होकर संचालन पर उठाया जाना चाहिए क्योंकि आश्रम के संचालन की डोर हमेशा ईमानदार व्यक्ति के हाथ में ही रहेगी ऐसा नहीं कहा जा सकता। आश्रम की आड़ में नारी शोषण के अनेक उदाहरण सामने आते रहे हैं। जहाँ तक पुनर्विवाह का प्रश्न है, वहाँ भी नारी को सामाजिक समझौते का अधिकार दिया जाना चाहिए और उसके आर्थिक स्वावलंबन पर बात की जानी चाहिए। इसके अभाव में विधवा उद्धार के सारे समाधान बेमानी हैं। एक समालोचक ने ठीक ही कहा है, ''इस परिस्थिति में आर्थिक स्वावलंबन का प्रश्न अधिक महत्त्वपूर्ण है, क्योंकि जब तक निर्णय लेने की शक्ति के पीछे आर्थिक शक्ति न हो रूढ़िग्रस्त समाज में निर्णय का कोई महत्त्व नहीं होता, इसलिए मात्र विवाह की बात करना अधूरी बात करना है।''[20] भारतीय समाज-व्यवस्था को बदलने के लिए पुरुष की उस मानसिकता को बदलने की जरूरत है, जो आज भी स्त्री को अपने अधीन रखना चाहती है और जिसके कारण स्त्री को चहारदीवारी के अन्दर भी सुरक्षा नसीब नहीं होती; जिसके कारण आज के अत्याधुनिक युग में डोमेस्टिक वॉयलेन्स एक्ट पास करने की जरूरत महसूस की गई। इसे प्रेमचन्द ने बहुत पहले ही अपनी रचनाओं के माध्यम से प्रस्तुत कर दिया था। रामविलास शर्मा लिखते हैं- ''प्रेमचन्द का साहित्य हमें सिखाता है कि किस तरह क्रान्तिकारी लफ्फाजी से बचकर सीधे-सादे ढंग से जनता की सेवा करनेवाला साहित्य रचा जा सकता है।''[21]

सन्दर्भ

1. प्रेमचन्दः विगत महत्ता और वर्तमान अर्थवत्ता, सं- मुरली मनोहर प्रसाद सिंह, रेखा अवस्थी, राजकमल प्रकाशन-2006, पृ. 536
2. प्रेमचन्द के आयाम, सं- ए. अरविंदाक्षन, राधाकृष्ण प्रकाशन- 2006, पृ. 16
3. साहित्यकार का लक्ष्य केवल महफिल सजाना और मनोरंजन का सामान जुटाना नहीं है। वह देश-

भक्ति और राजनीति के पीछे चलनेवाली सच्चाई है। वही, पृ. 36

4. प्रेमचन्द और उनका युग, रामविलास शर्मा, राजकमल प्रकाशन, चौथी आवृत्ति-1981, पृ. 157
5. प्रेमचन्द सम्पूर्ण, द्वितीय भाग(प्रतिज्ञा) सं. -डॉ. महेश भारतीय, इन्डोविजन प्रकाशन-1981, पृ. 971
6. वही, पृ. 970
7. वही, पृ. 986
8. वही, पृ. 987
9. वही, पृ. 973
10. वही, पृ. 1011
11. वही, पृ. 972
12. वही, पृ. 1013
13. वही, पृ. 1010
14. वही, पृ. 1010-1011
15. वही, पृ. 987
16. वही, पृ. 1021
17. वही, पृ. 1021
18. वही, पृ. 990
19. प्रेमचन्द प्रतिभा, सं. इन्द्रनाथ मदान, सरस्वती प्रेस-1967, पृ. 44
20. प्रेमचन्द की आर्थिक भूमिका, डॉ. सुरेश धीगड़ा, जयश्री प्रकाशन- 1985, पृ. 68
21. प्रेमचन्द और उनका युग, रामविलास शर्मा, राजकमल प्रकाशन, चौथी आवृत्ति-1981, पृ. 8

स्त्री-विमर्श की भूमिका : नागार्जुन के उपन्यास

स्त्री-विमर्श एक ऐसा विषय है, जो विशेष विचार और चिन्तन की माँग करता है। यह ऐसी अवधारणा है, जिससे स्त्री अपनी अस्मिता और अपने अस्तित्त्व को केन्द्र में रखकर अपने जीवन पर विचार करती है। तब एक ऐसी स्त्री सामने आती है, जो अपने व्यक्तित्व के सम्बन्ध में गहरे और व्यापक सवाल लिये रहती है। स्त्री क्या है? स्त्री की क्या पहचान है? स्त्री क्या केवल जैविक अवधारणा है? क्या स्त्री-पुरुष के सन्दर्भ में स्त्री है? क्या स्त्री पुरुष के समान है? क्या स्त्री आत्मनिर्भय होकर नई सामाजिक नैतिकता के निर्माण की माँग कर सकती है? क्या स्त्री की इच्छाएँ स्वतंत्र होती हैं? क्या स्त्री के पास एक मन भी होता है? क्या स्त्री के पास निर्णायक शक्ति है? क्या स्त्री की दुनिया में स्वाधीनता शब्द की अनुगूँज का कोई महत्त्व है? सवालों की शृंखला में और भी अनेक सवाल जोड़े जा सकते हैं। ये सारे सवाल स्त्री को पहचानने की एक कसौटी भर हैं। इन्हीं से स्त्री-विमर्श की पृष्ठभूमि बनती है। आज यह धारणा बहस के केन्द्र में आ रही है कि स्त्री को पहले एक जीता-जागता मनुष्य माना जाए और फिर उसे स्त्री के रूप में मूल्यांकित किया जाए।

आधुनिक युग में स्त्री ने जब पहले पहल अपनी अस्मिता के सन्दर्भ में गम्भीर चिन्तन शुरू किया, तभी पुरुष की स्त्री के प्रति परम्परागत दृष्टिकोण को नकारते हुए स्त्री स्वयं निर्णय लेने लगी और आर्थिक स्वावलम्बन ने उसे वह शक्ति प्रदान की जिसके सहारे समाज द्वारा उस पर थोपी गई शोषण से भरी मान्यताओं को चुनौती दे सकी।

इतिहास में नारी के प्रमुखतः दो रूप देखने को मिलते हैं। एक देवी का और दूसरा दानवी का। सवाल यह है कि उसे कभी मानवी क्यों नहीं समझा गया? क्या यह पुरुष की सोची-समझी साजिश है कि उसका स्वार्थ स्त्री को या तो देवी बनाए रखने से पूरा होता है या उसे दानवों के वर्ग में रखकर। सीमोन द बोउवार का पुरुष के बारे में कथन है कि "वह हमेशा द्वैत में सोचता है, अतः उसने स्वयं के सन्दर्भ में औरत को अन्य की कोटि में रखा। उसके चिन्तन में वह द्वैत भाव पहले इतना स्पष्ट नहीं था। पहले तो वह एक ही तत्त्व में स्त्री और पुरुष दोनों का अवतरण मान लेता था, किन्तु जैसे-जैसे औरत की

भूमिका विस्तृत होती गई, वह पुरुष के लिए अन्या होती चली गई। उसके नाना रूप उभरे। कभी पुरुष ने उसे देवी माना, तो कभी दानवी। वह प्रकट हुई पहाड़ों में, बहती रही झरनों में- हर जगह उसने जन्म दिया, उसी ने विनाश भी किया। मनमानी वैभवशालिनी प्रकृति की तरह क्रूर वह स्त्री एक ही साथ मांगलिक और अशुभ दोनों थीं।''[1]

प्रागैतिहासिक कालीन इतिहास में स्त्री-पुरुष को समान दर्जा दिए जाने के प्रमाण मिलते हैं। उन दिनों परिवार के केन्द्र में स्त्री होती थी। समाज मातृसत्तात्मक था। मानव समाज के विकास के दौरान विवाह व्यवस्था के आ जाने के परिणामस्वरूप स्त्री सम्पत्ति के रूप में परिवर्तित हो गई। सामन्तवादी व्यवस्था में तो स्त्री की सबसे अधिक दुर्गति हुई। ''मातृ-सत्ता की पराजय नारी जाति की एक ऐसी पराजय है, जिसका विश्व के इतिहास पर भी प्रभाव पड़ा। समाज में नारी स्वामित्व के अधिकार से वंचित होकर मात्र एक दासी, बच्चे उत्पन्न करनेवाली एक मशीन तथा सम्पत्ति के रूप में देखी जाने लगी।''[2]

स्त्री को इस स्थिति से आज की स्थिति तक पहुँचने के लिए एक लम्बी यात्रा तय करनी पड़ी है। सदियों से परम्परा के रूप में जो मान्यताएँ जड़ें जमा चुकी हैं, उनसे मुक्त होना आसान नहीं हैं। ''भारतीय समाज में महिलाओं की भूमिका अत्यंत सीमित रखी गई है। भारतीय समाज में प्रचलित रीति-रिवाज, रूढ़ परम्पराएँ महिलाओं की सीमा तय करती हैं।''[3] स्त्री इस लक्ष्मण रेखा की इतनी आदी हो जाती है कि इसी को वह अपनी नियति मान लेती है और चाहे-अनचाहे सारी रूढ़ियों को आत्मसात कर लगातार मर-मरकर जीती रहती है। इस खोल से बाहर आने के लिए संघर्ष तो दूर की बात है, स्त्री कभी मुक्ति के बारे में सोच ही नहीं सकी। ''भारतीय समाज में न नारी का अपना कोई व्यक्तित्व रहा है, न जाति। वह ऐसा रत्न है, जिसे कही से भी उठाया जा सकता है और जिसके पास है, उसी की सम्पत्ति है। वे व्यक्ति नहीं, चीज हैं, जिन्हें लूटा, छीना और नष्ट किया जा सकता है, खरीदा और बेचा जा सकता है।''[4]

जन्म से ही स्त्री को संस्कारों के साथ मर्यादाओं की घुट्टी पिला दी जाती है। उन्मुक्त हँसी न उसके हिस्से में है न ही स्वच्छंदता का कोई रूप ही उसके लिए सुलभ है। ''काल्पनिक रूप से उसका महत्त्व सर्वोच्च है, व्यवहारिक रूप में वह पूर्णत: महत्त्वहीन है, कविता में पृष्ठ दर पृष्ठ वह व्याप्त है, इतिहास में वह अनुपस्थित है, कथा-साहित्य में वह राजाओं और विजेताओं की जिन्दगी पर राज करती है, वास्तविकता में वह किसी भी लड़के की गुलामी करती है, जिसके हाथ में माँ-बाप उसकी उँगली ठूँस देते हैं, साहित्य में कुछ अत्यन्त प्रेरक शब्द कुछ अत्यन्त गम्भीर विचार उसके होंठों से झरते हैं। असली जिन्दगी में वह कठिनाई से पढ़ सकती है, कठिनाई से बोल सकती है और अपने पति की सम्पत्ति है।''[5]

भले ही आधुनिक युग में स्त्री ने अपने लिए थोड़ा स्थान बना लिया हो, परन्तु प्रत्येक क्षेत्र में उसकी स्थिति को संतोषजनक नहीं कहा जा सकता है। स्त्री और उसके जीवन को सभ्यता के इतिहास में अनेक स्थितियों का सामना करना पड़ा है। वैदिक और पुराणकालीन समाज में स्त्री के सम्बन्ध में जो धारणा पाई जाती है, वह एक युटोपिया से अधिक कुछ नहीं है। कहा जाता है कि उस काल में स्त्री वेद-मन्त्रों की रचना करती थी, देवी के रूप में प्रतिष्ठित थी और उसे सामाजिक जीवन में बराबरी का अधिकार प्राप्त था। इस विचार के पक्ष में कुछ स्त्री पात्रों के नाम भी गिनाए जाते हैं, लेकिन यह सोचने का विषय है कि जिन पात्रों के नाम बहुत आदर के साथ लिए जाते हैं और जिनके नाम लेकर उस युग की स्त्री को महिमामंडित करने की कोशिश की जाती है, वे किस सामाजिक वर्ग का प्रतिनिधित्व करती हैं? क्या ये स्त्री पात्र तत्कालीन स्त्रियों के साधारण समाज से जुड़े हुए हैं अथवा इन्हें अपवाद की श्रेणी में रखा जा सकता है? ऐसा प्रतीत होता है कि उस काल की जिन स्त्रियों को समाज में पथ प्रदर्शिका के रूप में दिखाया जाता है, वे एक छोटे से सामाजिक वर्ग से जुड़ी हुई थीं। उस काल की स्त्री की दशा कैसी थी, यह रहस्य ही बना रहता है। सभ्यता के जिस युग में सम्पत्ति पर अधिकार के साथ ही दासों पर भी एकाधिकार की स्थापना करना प्रतिष्ठा का विषय माना जाता था। उस काल में स्त्रियाँ भी स्वतन्त्र नहीं थीं। उन्हें थोड़े-बहुत अधिकार प्राप्त थे, वे पुरुषों द्वारा निर्मित सामाजिक मर्यादाओं के नियन्त्रण में सम्भव थे। मध्यकाल पूरी तरह ब्राह्मणवादी और सामंतवादी समाज व्यवस्था का काल है, जिसमें स्त्री और शूद्रों की स्थिति सबसे भयानक थी। स्त्री को सामान्य सामाजिक और मानवीय अधिकारों से भी वंचित कर दिया गया था। 'यत्र नार्यस्तु पुज्यंते रमंते तत्र देवता।' (मनुस्मृति) ऐसे उच्च आदर्शपूर्ण दर्शन के उद्गम स्थल भारत में स्त्री की स्थिति सदा से दयनीय रही है। क्या मनुस्मृतिकार ने तत्कालीन समाज में स्त्री की अत्यंत शोचनीय और दीन-हीन स्थिति को देखकर उसकी स्थिति में सुधार की कामना से ऐसा कहा था या पुरुष ने स्वयं देवता का स्थान पाने के लिए ऐसा प्रपंच रचा था। क्योंकि मनुस्मृति में ही स्त्री की रक्षा के नाम पर सदा के लिए उसकी गुलामी की व्यवस्था देखी जा सकती है। जहाँ स्त्री को पैदा होते ही पिता, युवा होने पर पति, प्रौढ़ावस्था में पुत्र के संरक्षण में सुरक्षित और सद्गति मिलने की बात की गई है। भारत में मुसलमानों के आगमन के साथ सामाजिक व्यवस्था में जो परिवर्तन आया उससे स्त्री पर कसा जाने वाला शिकंजा और मजबूत हुआ। बाल-विवाह, पर्दा प्रथा, अनमेल विवाह, सती प्रथा आदि स्त्री विरोधी रूढ़ियाँ समाज में मजबूती से स्थापित हो गईं। परिणामत: स्त्री मानवी नहीं बल्कि वस्तु रूप में परिवर्तित होती चली गई, जो केवल आज्ञा पालन की हकदार थी। उसे न अपनी बात रखने का अधिकार था, न व्यवस्था के खिलाफ कोई बोल बोलने का।

स्त्री की स्थिति में बदलाव आधुनिक काल में ही आया। शिक्षा के प्रसार और औद्योगीकरण के साथ-साथ पश्चिमी देशों में होनेवाले आन्दोलनों का प्रभाव भी भारत के सामाजिक, राजनीतिक, धार्मिक, सांस्कृतिक परिस्थितियों पर पड़ा। राजा राममोहन राय और मृत्युंजय विद्यालंकार जैसे पुरुष सुधारकों द्वारा स्त्री शोषण व अत्याचार के विरुद्ध चलाई गई मुहिम स्त्री मुक्ति का आधार बनी। स्त्री की सामाजिक भूमिका में जो बदलाव आया उसने स्त्री को राजनीतिक मोर्चों पर भी ले जाकर खड़ा कर दिया। यह घर की सीमाओं को तोड़कर बाहर आने की सामान्य घटना ही नहीं थी, बल्कि स्त्री के मुक्ति संघर्ष की शुरुआत की घटना भी थी। स्वाधीनता संग्राम में स्त्रियों की निर्णायक और महत्त्वपूर्ण भूमिका ने समाज के विकास में स्त्री महत्ता को निर्विवाद रूप से स्थापित कर दिया। इस काल में सामाजिक, आर्थिक, धार्मिक, राजनीतिक, वैज्ञानिक और शैक्षिक क्षेत्रों में जो परिवर्तन हुए उन्होंने स्त्री जीवन के नवमूल्यांकन की आवश्यकता प्रतिपादित की। इन सबने साहित्य को व्यापक रूप से प्रभावित किया। यहाँ तक कि साहित्यिक विमर्श के केन्द्र में भी स्त्री प्रतिष्ठित हो गई।

हिन्दी साहित्य में विद्यमान स्त्री-विमर्श के स्वरूप के सम्बन्ध में माना जाता है कि यह पश्चिमी आधुनिकतावाद से प्रभावित है। लेकिन यह नहीं भूलना चाहिए कि युगीन परिस्थिति को झेलते हुए तमाम जद्दोजहद और तमाम संघर्षों के बाद ही स्त्री अपने पैरों पर खड़ी हुई है, तो वह केवल बाह्य प्रभाव से नहीं बल्कि उसके लिए अनुकूल हवा-पानी इसी जमीन से ही मिले हैं। राजेन्द्र यादव कहते हैं, ''मैं भी आदमी हूँ। मुझे भी सम्मान और स्वतन्त्रता से जीने का हक है- स्थिति की असहनीयताओं में एक गुलाम, बँधुआ, दलित या स्त्री के मन या जबान पर आया यह वाक्य ही विद्रोह की पहली घोषणा है और यहीं से शुरू होती है स्वतन्त्रता की खतरनाक सरहदों के पार दमन और मुक्ति संघर्ष की खुली मुठभेड़, मोंचेबन्दियाँ, हार-जीत के सिलसिले-यानी यथास्थिति बनाए रखने और बदलने की हिंसा प्रतिहिंसा की खूनी चौपड़।''[6] सोचने का विषय है कि स्त्री सम्बन्धी समस्याओं पर गहन विचार करते हुए सामाजिक, राजनीतिक और आर्थिक शोषण और दमन के विरुद्ध स्त्री जो स्वयं उठ खड़ी हुई उसकी स्त्री-विमर्श को आकार देने में निभाई गई भूमिका को भी महत्त्व दिया जाना चाहिए या नहीं ? साहित्य के क्षेत्र में भी स्त्री ने स्वयं पूरी सजगता और चेतनता के साथ अपने लिए गहन संवेदनात्मक चिन्तन दिखाया, वहीं स्त्री-विमर्श सामने आया। अर्थात कह सकते हैं कि विभिन्न क्षेत्रों की आलोचना या विचार-चिन्तन ही स्त्री-विमर्श का एक मुख्य आधार है।

अब तक हिन्दी के कुछ गिने-चुने उपन्यासकारों को ही स्त्री के प्रति सजग और सटीक दृष्टि सम्पन्न माना जाता रहा है। खासकर स्त्री उपन्यासकारों को, किन्तु जन कवि के रुप में प्रसिद्ध नार्गाजुन के उपन्यास भी इस दृष्टि से कम महत्त्वपूर्ण नहीं हैं। उनके

प्रकाशित उपन्यास हैं- रतिनाथ की चाची (1948), बलचनमा(1952), नई पौध (1953), बाबा बटेसरनाथ (1954),वरुण के बेटे (1956), दुःखमोचन(1957), कुम्भीपाक (1960), हीरक जयंती(1962), उग्रतारा(1963), इमरतिया(1968), पारो (1975)। इनके उपन्यासों में स्त्री सम्बन्धी युगीन समस्याएँ मौजूद हैं। नारी शिक्षा का अभाव, विधवा विवाह, बेमेल विवाह, वेश्यावृत्ति, बहुपत्नी प्रथा, स्त्री की खरीद-फरोख्त. आदि ऐसी समस्याएँ हैं, जिन पर गम्भीरतापूर्वक विचार किए बिना स्त्री के व्यक्तित्व और उसके सामान्य जीवन की वास्तविक समझ विकसित नहीं की जा सकती। वे जीवन से जुड़े ऐसे उपन्यासकार थे, जिन्होंने अपने आस-पास के परिवेश को देखा और गहराई से महसूस करने के साथ उससे स्त्री पर पड़ने वाले प्रभावों को भी रेखांकित किया। नागार्जुन मूलत: साधारण जन-जीवन के भीतर से साहित्य खोजने वाले लेखक थे। उन्होंने पाया कि हमारे देश के ग्रामीण इलाकों में निरक्षरता के कारण स्त्रियाँ ही सबसे अधिक अपमानित, प्रताड़ित और शोषित होती हैं। विवशतापूर्ण जीवन जीती हैं। शिक्षा के अभाव के कारण स्त्रियाँ न तो परिस्थितियों को भली-भाँति समझ पाती हैं और न अपनी महत्ता जान पाती हैं, न अपनी बात प्रभावशाली ढंग से कह पाती हैं, न ही अपने मन के गुबार को ही लिखकर अभिव्यक्त कर पाती हैं। लाचार होकर अफसोस भर जता पाती हैं। शिक्षा का अभाव स्त्री को किस प्रकार विवश, पिछड़ी हुई, शक्तिहीन और व्यक्तित्वहीन बना देता है, इसके अनेक तीखे प्रसंग नागार्जुन के उपन्यासों में मौजूद हैं।

'कुम्भीपाक' में चम्पा के नरक के दलदल में फँसते जाने का कारण इस प्रसंग से सामने आता है, "मैं भी अपने पति को अशुद्ध भाषा में पत्र लिखा करती थी, पंक्ति टेढ़ी और अक्षर बदसूरत...जो दस हजार देकर खरीदा गया था मेरे लिए। उस नौजवान को इस फूहड़पन पर बड़ी खीज आती थी। वह खुद पढ़ाकू लड़का था,परीक्षाओं में हमेशा प्रथम श्रेणी पाता था। चाची से मेरे बारे में उसने एक बार कहा था : यह मेरे क्या काम आएगी! मैं यूनिवर्सिटी में प्रोफेसर रहूँगा। दूसरे प्रोफेसर साथी और उनकी शिक्षित पत्नियाँ हमसे मिलने आएँगे, यह ठीक से बात-चीत भी तो नहीं कर पाएगी! कम से कम मैट्रिक तक भी पास करवा दिया होता... अपनी लड़की चाहे गोबर हो, लड़का लेकिन हीरा चाहिए! "[7] यदि प्रोफेसर पति का प्यार भरा संरक्षण उसे मिला होता तो भी क्या चम्पा ऐसी ही निकलती जैसी वह बनी? यह ऐसा सवाल है, जिसमें स्त्री की दशा के सम्बन्ध में पुरुष की भूमिका को कटघरे में खड़ा किया गया है। वहीं इसी उपन्यास की पढ़ी-लिखी अध्यापिका रंजना अत्याचार और शोषण की शिकार भुवन को आश्रय ही नहीं देती, बल्कि अभिभावक बनकर उसके जीवन को सुधारने की कोशिश में अपनी ननद निर्मला से इन्दिरा अर्थात भुवन के सम्बन्ध में कहती है, "दो रोज के लिए पटना हो आएगी मेरे साथ, इसमें तो कोई हर्ज नहीं किन्तु मैं नहीं चाहूँगी कि इन्दिरा उन जगहों में जाए या उन

व्यक्तियों से मिले जिनकी स्मृतियाँ पल-भर के लिए भी उसके दिल को दुखाएँ...झुलसे हुए पौधे को ताजा पानी पिला-पिलाकर तुमने हरा कर लिया, दो दिन उस पर गरम पानी छिड़कोगी निर्मला?''[8]

'रतिनाथ की चाची' में भी गौरी का जब गर्भ ठहर जाता है और दम्मो फूफी की पंचायत में उसे दोषी करार दिया जाता है, तो वह अपने देवर जयनाथ को याद करती है, जो उसकी इस स्थिति का जिम्मेदार था। ''जानती थी कि जयनाथ देवगढ़ था और आजकल काशी में है। बेचारी ने कई बार चिट्ठी लिखवाना चाहा, मगर किससे लिखवाती? जयनाथ वादा कर गए थे कि दस दिन में ही मैं बाबा (वैद्यनाथ) को जल डालकर आ रहा हूँ।''[9] पर वह नहीं लौटता। गौरी अकेली ही समाज की उपेक्षापूर्ण दृष्टि का सामना करती है, परन्तु जबान पर जयनाथ का नाम नहीं लाती।

'कुम्भीपाक' में एक स्थान पर अनपढ़ रह जाने पर अफसोस करती हुई निर्मला सोचती है, ''मैं भी तो भाभी की तरह लड़कियों के किसी इंटर कॉलेज में प्रोफेसर हो सकती थी।''[10] यहाँ नागार्जुन स्त्री के स्वावलम्बन के लिए स्त्री शिक्षा की अनिवार्यता को रेखांकित करते नजर आते हैं।

नागार्जुन ने अपने उपन्यासों में विधवा स्त्री की समस्याओं का बहुत ही बारीकी से यथार्थपूर्ण वर्णन किया है। वैधव्य भार ढोती स्त्री भारतीय समाज में तिरस्कार और यातनापूर्ण जीवन जीने के लिए अभिशप्त रही है। रतिनाथ की चाची में गौरी विधवा होते हुए भी गर्भवती हो जाती है तो दयनीयता की राक्षसी उसे अपने पंजों में जकड़ लेती है। भारत वर्ष की रूढ़ि प्रधान समाज व्यवस्था ने स्त्री जीवन पर जो घातक प्रतिबंध लगाए थे, उन्होंने गौरी के मन को इतना कमजोर बना दिया कि वह स्वयं ही अपने को पतित मानने लगी और सोचने लगी कि वह कहीं भी मुँह दिखाने के काबिल नहीं रही। यहाँ तक कि उसे ऐसा महसूस होता है, ''पेड़-पौधे, पशु-पक्षी सभी गुपचुप उमानाथ की माँ के महान कलंक का मानो कीर्तन कर रहे हों।''[11] अत्याचार की शिकार होकर भी हमारे समाज में स्त्री को ही क्यों अपराधी माना जाता रहा है। नैतिकता की जो धारणा एक जमाने में स्त्री विरोधी बन गई थी नागार्जुन ने अपनी पैनी दृष्टि से उसका पोस्टमॉर्टम किया है। वे मानते हैं कि सामाजिक मर्यादा और आचरण की परम्परागत पवित्रता जैसी धारणाएँ ऊपर से बहुत आकर्षक प्रतीत होती हैं लेकिन यह अन्ततः स्त्री के विरोध में खड़ी हो जाती है। नागार्जुन इनके उस प्रभाव का विशेष रूप से चित्रण करते हैं, जो स्त्री को ही स्त्री के विरुद्ध मोर्चा बाँधने के लिए तैयार कर लेता है। यह सोचकर मन में आक्रोश उत्पन्न होता है कि हमारी समाज व्यवस्था ने एक स्त्री को दूसरी स्त्री के प्रति हृदयहीन बनाकर खड़ाकर दिया है। दम्यन्ती कहती है, ''अब और क्या होगा? मर्दों का तो कोई ठिकाना है नहीं। अगर हम भी न रहें, तो संसार से आचार-विचार हट जाए। उमानाथ की माँ व्यभिचारिणी है, पतिता

है, भ्रष्टा है, कुलटा है, छिनाल है। उससे हमें किसी प्रकार का सम्बन्ध नहीं रखना चाहिए। बोलचाल बंद। बात-विचार बंद। प्रत्येक विचार बंद। हाँ जयनाथ और रतिनाथ, दोनों बाप-पूत यदि प्रायश्चित कर लें तो इस समाज में उनके लिए स्थान हो सकता है परन्तु उमानाथ की माँ को समाज किसी भी हालत में क्षमा नहीं कर सकता।''[12] नागार्जुन यह सवाल खड़ा करते हैं कि जो समाज स्त्री को दंड की अधिकारिणी मानता है वही पुरुष को दंड की सीमा से बाहर क्यों रख रहा है। दूसरा सवाल नागार्जुन यह खड़ा करते हैं कि जो व्यवस्था स्त्री से प्रायश्चित का अधिकार छीन रही है वही व्यवस्था पुरुष के हाथ में विनयपूर्वक प्रायश्चित का अधिकार क्यों दे रही है? नागार्जुन के मन में एक तीसरा सवाल यह भी जरूर रहा होगा कि वे कौन से कारण हैं जिन्होंने एक स्त्री को ही नैतिकता और दैहिक पवित्रता को नियन्त्रित करने का चाबुक सौंप दिया और वह स्त्री उसे एक स्त्री की पीठ पर बरसाती रही जबकि पुरुष को अभयदान देती रही। इन सब सवालों के जरिए नागार्जुन हमारी पूरी नैतिक व्यवस्था को प्रश्नांकित करते हैं और स्त्री के व्यवहार को सही दृष्टि से देखने की माँग करते हैं। नागार्जुन अपने उपन्यासों में स्त्री यथार्थ के प्रति कितने तटस्थ और निर्मम हो सकते हैं इसका पता इस तथ्य से चलता है कि नैतिकता और प्रायश्चित की दुहाई देनेवाली स्त्री खुद अपने ही मूल्यों की कसौटी पर खड़ी नहीं उतरती है।

नागार्जुन की दृष्टि में यह सवाल है कि ऐसी स्त्री क्या नैतिकता की बात करने का अधिकार रखती है? सवाल यह भी है कि समाज उसे उसका असली चेहरा क्यों नहीं दिखाता? कहीं इसके पीछे पुरुषवादी सोच का कोई षड्यन्त्र तो नहीं है? इन सारे सवालों से नागार्जुन के उपन्यास भरे पड़े हैं। गौरी को रतिनाथ की चाची की ''दम्यन्ती के बाल वैधव्य की सारी रंगीनियों का उसे सारा हाल मालूम था।''[13] परन्तु गौरी अपना मुँह सिए रहती है। यहाँ तक कि अन्य स्त्रियों के व्यवहार से भी वह अकेली ही दुःखी होकर स्त्री जाति को ही कोसने लगती है, ''ओ अभागी औरतो! मुझे क्या हो गया है, यह तुम भली-भाँति जानती हो। तुम्हें रत्ती-रत्ती पता है कि इस तरह का चेहरा एक स्त्री का कब होता है। इस तरह की झेंप, इस तरह का संकोच किसी विधवा की मुखाकृति पर कब छाया रहता है, यह भी तुम भलीभाँति जानती हो। फिर क्यों मेरा दिमाग चाटने आई हो? तुम्हें जिसका खटका है, उसी दुर्भाग्य का शिकार हूँ।''[14] सवाल यह है कि नागार्जुन एक यर्थाथ को सामने लाने में इस कदर बेचैन क्यों हो उठते हैं। उनके उपन्यास की गौरी अपने मनोजगत की ऐसी सपाट अभिव्यक्ति क्यों करने लगती है। ऐसा प्रतीत होता है कि एक ओर नागार्जुन हमें उस स्त्री से परिचित करा रहे हैं, जिसके सामने केवल अन्धेरा ही अन्धेरा है और जिसने उसे परास्त होने की सीमा तक पहुँचा दिया है। दूसरी ओर गौरी जो सवाल उठाती है, वह स्त्री विमर्शकारों को कच्चा माल प्रदान करने वाला है, क्योंकि

उसमें स्त्री के जीवन की त्रासद गहराई छिपी हुई है।

'नई-पौध' में रामेसरी पति की मृत्यु के बाद अपनी बेटी बिसेसरी को लेकर मायके लौट आती है। एक तो स्त्री, ऊपर से विधवा इसलिए अपनी ही बेटी के विवाह का निर्णय भी नहीं कर पाती। उसका बाप पंडित खोंखोई झा अपनी नातिन के लिए एक बूढ़ा दूल्हा उठा लाता है, तो भीतर ही भीतर अपनी विवशता पर कुढ़ती हुई सोचती है, "लड़की के जीवन को धूल में मिलाने का उसे क्या अधिकार है? बाबू (पिता) को यह हो क्या गया है? दूल्हे को आने दो, उस बुड्ढे के माथे पर अंगारे न डाल दूँ तो रामेसरी मेरा नाम नहीं! एक बुड्ढा मेरी बेटी का सींथ भरेगा, मुँह झुलसा दूँगी मरदुए का!...आवेश की भाप निकल गई तो उसे अपने सामर्थ्य का ख्याल आया...मैं क्या कर सकती हूँ! चीखूँगी और चिल्लाऊँगी और अपना सर पटकूँगी, पिताजी को असह्य होगा तो मुझे किसी कमरे के बंद करके बाहर से साँकल चढ़ा देंगे; शादी तो होकर रहेगी...या माहुर का प्रबंध करूँ कहीं से और खिला दूँ छोकरी को..."[15] यहाँ नागार्जुन स्त्री विमर्श के सन्दर्भ में हिन्दी के अन्य उपन्यासकारों से काफी कुछ अलग दिखाई देते हैं। रामेसरी उस व्यवस्था को उखाड़ फेंकना चाहती है, जिसने स्त्री से जीवन साथी चुनने की स्वतन्त्रता छीन ली है। इसके लिए वह अपने मन की आग में सब कुछ भस्मीभूत करना चाहती है। उसकी भाषा में अचानक कठोरता आ जाती है, जो उसके विद्रोह का प्रतीक है यही रामेसरी अगले ही पल ऐसी हो जाती है कि जैसे किसी ने उबलकर बर्तन से बाहर निकलते दूध पर पानी के छींटें डाल दिए हों। विद्रोह और अपनी शक्ति की सीमा के द्वन्द्व के बीच रामेसरी पिसती हुई दिखाई देने लगती है। नागार्जुन के जमाने में आम स्त्रियों का यही यथार्थ था। देखना यह है कि आज उसमें किस सीमा तक बदलाव आया है?

दुखमोचन में शशिकला मामी के माध्यम से विधवा की स्थिति को स्पष्ट किया गया है। उसमें नागार्जुन ने स्त्री की सहज स्वाभाविक जीवन जीने की लालसा को दिखाया है। मामी अपने देवर लीलाधर के शब्दों को अक्सर याद करती है, "शशिकला! शशिकला!! शशिकला!!! मामी के कानों में अपना नाम बार-बार गूँजने लगा, निगाहों में लीलाधर की मासूम सूरत नाचने लगी...दिल अपने आप से पूछने लगा, लीलाधर कहाँ गया!...उसने एक रोज हुलसकर कहा था- भाभी, चलो तुम्हें कलकत्ता की सैर करा लाऊँ...गंगासागर, कामरूकमच्छा, जगन्नाथ, जहाँ बताओ ले चलूँ, भाभी!"[16] यही मामी एक अन्य विधवा स्त्री माया और कपिल की शादी की बात सुनती है तो रह-रहकर लीलाधर याद आने लगता है और अपने से ही कहने लगती है, "शशिकला, तू क्यों न गई लीलाधर के साथ?"[17] लेकिन मामी इतना भर सोच पाती है। समाज की परम्पराओं के विरुद्ध कोई कदम उठाने का साहस उसमें पैदा नहीं हो पाया था। नागार्जुन के इस उपन्यास से पता चलता है कि उस काल में सामाजिक परिस्थितियाँ बदलने लगी थीं। कपिल और माया के

विवाह के कई समर्थक भी निकल आए थे, परन्तु नित्यबाबू और टेकनाथ जैसे लोग भी उस समय थे, जो विवाह के पक्ष में नहीं थे। वही नित्यबाबू बोलने लगे, ''हे रावणेश्वर बम्भोलेनाथ, यह कैसा जमाना आया है! जात-पाँत और धर्म-कर्म पर संकट ही संकट लदता चला आ रहा है...कल के छोकरे हम बूढ़ों की नाक में कौड़ी बाँध रहे हैं।''[18] नित्यबाबू के मुँह से निकलने वाले ये शब्द तत्कालीन समाज की रूढ़िवाद पर जीती व्यवस्था को खुलकर सामने लाते हैं। नागार्जुन स्पष्ट करते हैं तथाकथित समाज व्यवस्था के ठेकेदारी की मानसिकता को बदले बिना समाज में परिवर्तन को गति मिलना मुश्किल है। ब्राह्मण विधवा स्त्री माया का पुनर्विवाह की बात को समाज-सांस्कृतिक और धर्म के ठेकेदार हजम नहीं कर पाते तभी एक स्थान पर नित्यबाबू कहते हैं,''वेणी माधव की विधवा बहन का ब्याह करवा रहा है?...शिव, शिव, शिव, शिव! अब यह गाँव भले आदमी के रहने लायक नहीं रह गया है।''[19]

'कुम्भीपाक' में भी विधवा स्त्री के यथार्थ को दर्शाया गया है। इस उपन्यास के प्रमुख पात्र भुवनेश्वरी जिसका वास्तविक नाम इंदिरा है, उसकी दुर्गति भी शादी के बाद पति की प्लेन क्रेश में मृत्यु से शुरू होती है। उन्नीस वर्षीय विधवा इन्दिरा के शरीर पर बेंत की पिटाई के निशान देखकर रंजना को बहुत दुःख होता है। निर्मला से ही उसे पता चलता है, ''एक गुंडे की हरकत थी यह। छह महीने इन्दिरा को भिखमंगों की टोली में रहना पड़ा, वहाँ से धनबाद के गुंडे इसको उचक लाए थे। गुंडों ने चार-पाँच महीने इन्दिरा को बेहद परेशान किया...फजीहत, पिटाई, बलात्कार, तनहाई, भूखों तड़पाना...क्या नहीं किया उन्होंने? आखिर उन्हीं में से एक का दिल पिघला तो इन्दिरा उस नरक से छुटकारा पा सकी। हजारीबाग में उस गुंडे की प्रेमिका रहती थी, इन्दिरा को उसने छिपाकर वहीं रख दिया...''[20] वहाँ से छूटकर वह चम्पा और शर्मा जैसे दलालों के हाथों में पड़ जाती है।

वहीं चम्पा खुद वैधव्य भार के कारण मुसीबतों के दलदल में फँसती चली जाती है। ''लाड़-प्यार में पला हुआ बचपन। मामूली पढ़ाई-लिखाई। शादी और शादी के दो साल बाद पति का देहान्त। कभी माँ और सास के साथ रहना, कभी देवर और देवरानी के साथ। तरुणाई के शुरू में जीजा ने छू दिया था। पहले दिल को, फिर देह को।''[21] नागार्जुन के जीवनानुभव और अध्ययन दृष्टि की व्यापकता बहुत प्रभावित करनेवाली है। वे विधवा स्त्री के जीवन यथार्थ को इकहरी दृष्टि से देखनेवाले लेखक नहीं हैं, बल्कि उसके सभी पक्षों को स्वाभाविक ढंग से देखते और चित्रित करते हैं। उन्होंने दर्शाया है कि जो पुरुष जीजा के रूप में चम्पा के मन और देह को कलंकित करता है वही निर्णय की घड़ी आने पर उसका जीवन साथी बनने से इंकार कर देता है। यह घटना चम्पा को कुछ इस तरह बदलती है कि वह कभी विद्रोह के रास्ते पर नजर आती है कभी पलायन के रास्ते

पर। और कभी अपनी देह को बड़ी आसानी से पुरुषों के सामने परोसनेवाली सामान्य स्त्री के रूप में।

व्यक्ति रूप में जीने की तीव्र इच्छा लिए वह हर मुसीबत से टकराती है और अपने को फिर नए रूप में ढाल लेती है। विधवा होने की कोई भी मर्यादा या सीमा के अन्तर्गत अपने को स्वीकार नहीं करती, तभी तो कहती है, ''विधवा तो मैं कभी नहीं रही! पति के बाद मन ही मन जीजा के प्रति समर्पित हो गई। जीजा ने जवाब दे दिया तो सफदर पर फिदा हो गई, उसने चम्पा को कुलसुम बना दिया...कानों पर छल्ले डलवा दिए चाँदी के, छेदों के निशान नहीं हैं इन कानों में?

कुलसुम के बाद? सतवंत कौर? हाँ, सतवंत कौर। सरदारों ने मुझे यही नाम दिया था।...सतवंत कौर ने दम तोड़ा तो चम्पा फिर जी गई...शर्मा जी ने पहली बार पूछा तो चट से मैंने अपना नाम बतलाया, चम्पा। अब मैं जिन्दगी भर चम्पा ही रहूँगी या फिर यह नाम भी बदलना पड़ेगा।''[22] यानी अनिश्चित भविष्य की मुसीबतों का सामना करने के लिए चम्पा फिर तत्पर है पर अपनी जिजीविषा को कुचलने के लिए बिलकुल तैयार नहीं है। चम्पा नागार्जुन के उपन्यासों की बड़ी विलक्षण पात्र है। वह एक से बढ़कर एक सवाल खड़ा करती है। एक स्त्री एक के बाद एक कदम उठाते हुए अपनी देह और मन को नष्ट करने के लिए क्यों तैयार हो जाती है? चम्पा को साधारण स्त्री से स्त्रियों की ही दलाली करनेवाली के रूप में बदलने के लिए कौन सी स्थितियाँ जिम्मेदार हैं? चम्पा वैसे तो दलाली से पैसे कमाती है लेकिन जब भुवन उसके हाथों से निकल भागती है तो उसे अच्छा लगता है। यहाँ तक कि उसके मन में भुवन से क्षमा माँगने तक की बात भी आती है। एक स्त्री के रूप में चम्पा की इस मन:स्थिति का क्या रहस्य है? परिस्थिति यथार्थ के प्रभाव और आदर्श के बीच एक निरन्तरता दर्शाकर नागार्जुन स्त्री के बारे में जो कुछ कहना चाहते हैं, क्या उसे समझना आवश्यक नहीं?

नागार्जुन ने 'हीरक जयन्ती' में मंजुमुखी देवी के माध्यम से स्त्री का जो रूप सामने रखा है, वह भी स्त्री का एक यथार्थ है, ''पति की मृत्यु के बाद वाले दो वर्ष तबाही में कटे और फिर आप बाबूजी के सम्पर्क में आ गई थीं। बाबूजी की दया-दृष्टि से देवी जी का विकास अभिनेत्री के रूप में होने लगा- अभिनेत्री? जी हाँ अभिनेत्री! लेकिन फिल्म लोक की नहीं, सत्तारूढ़ राजनीतिक दल की अभिनेत्री...उसके भी गुट विशेष की; जिसके अन्यतम हीरो थे बाबूजी।''[23] आश्रय और सहारा पाते ही मंजुमुखी देवी घर की चहारदीवारी की सीमा लाँघती है और राजनीति के अखाड़े में अपना स्थान बनाती है। भले ही उसे यहाँ तक पहुँचाने में बाबूजी का हाथ रहा हो, किन्तु मंजुमुखी अपना स्वार्थ साधती रहती है। दूसरी तरफ इसी उपन्यास में बाबूजी की विधवा बेटी मृदुला को यह शिकायत रहती है कि इंटर के बाद उसकी पढ़ाई भी छुड़वा दी और उस पर बाबूजी ने कभी ध्यान नहीं दिया।

असंतोष के साथ वह घर छोड़ने का फैसला करती है और खत लिख जाती है कि "इन्टर का मेरा एक साथी बम्बई में रहता है। हम बीच-बीच में मिलते रहे हैं। एक मिल में वह टेकनिकल एक्सपर्ट है, छः सौ पाता है...वह आया हुआ है, मैं उसी के साथ जा रही हूँ। विजय-दशमी के शुभ अवसर पर हमारी शादी होगी। आपकी हीरक जयन्ती हुई; मेरी यह ताम्र जयन्ती ही सही।"[24]

मृदुला अपने जिस कदम को ताम्र जयन्ती कहती है, वह स्त्री के भीतर छिपी उस लालसा को दर्शाता है, जिसके चलते वह जीवन जीने की निजी इच्छा को महत्त्व देती है और भौतिक सुविधाओं को ठुकरा देती है। यह स्त्री अपनी इच्छा और अपने निर्णय के अनुसार जीनेवाली है। हीरक जयन्ती के भीतर जो व्यंग्य छिपा हुआ है वह दरअसल एक स्त्री द्वारा उस परिवेश पर किया गया व्यंग्य है, जिसमें दीर्घकाल से स्त्रियों को लालसा की गुड़िया बनाया जाता रहा है।

नागार्जुन का उग्रतारा भी कुछ इस तरह के प्रश्नों से हमें रू-ब-रू कराता है। "उगनी नई विधवा थी, उसकी माँ पुरानी विधवा थी। कहते हैं दादी भी विधवा थी। वैसे वैधव्य का इतना लम्बा अभिशाप उस खानदान पर पड़ा था, यह रहस्य और आश्चर्य की बात थी।"[25] लेकिन इतना स्पष्ट है कि उगनी के सौन्दर्य ने इस अभिशाप को और गहरा बना दिया। नर्मदेश्वर की पढ़ी-लिखी भाभी ने ही उसे अक्षरों का ज्ञान कराया और जीवन की ओर अग्रसर किया। उसी ने विधुर कामेश्वर के मन में भी दृढ़ता का संचार कर ठोस कदम उठाने के लिए प्रेरित किया। हालाँकि उसने कभी भी स्पष्ट रूप से विधवा उगनी और विधुर कामेश्वर से एक-दूसरे को अपना लेने के लिए नहीं कहा था। नागार्जुन इस सच को जानते थे कि यह सब इतना आसान नहीं है, तभी तो सवालों की झड़ी लगाते हुए वे लिखते हैं, "उगनी के मन मे ग्लानि को धो-पोंछकर साफ कर देना क्या मामूली उपकार था? पुरानी पीढ़ी की महिलाओं के संयुक्त मोर्चे में दरार डालना क्या मामूली उपकार था? स्वप्नदर्शी भावुक किशोर मन को संकल्पशील दृढ़ युवक मन में बदल देना क्या मामूली उपकार था?..."[26] भाभी की बदौलत उगनी विधवा के त्रासद जीवन से उबरने को तैयार हो जाती है। परन्तु समाज को यह मंजूर नहीं होता इसलिए कामेश्वर और उगनी को समाजवाले पकड़वा देते हैं। और अदालत में एक ही पेशी के बाद दोनों को अलग-अलग जेलों में भेज दिया जाता है। उगनी से जेल का सिपाही शादी कर लेता है, परन्तु उगनी कहती है कि "सिपाही जी को मेरे मन ने कभी कबूल नहीं किया। भंग की बर्फी धोखे से खिला दी गई थी, कामेश्वर! तुम्हे मालूम है, मढ़िया-सुन्दरपुर के राक्षसों ने भी इस देह पर अत्याचार किए थे।"[27] कामेश्वर जब उगनी को लेने आता है तो वह अपने मन को पूरी तरह तैयार नहीं कर पाती परन्तु कामेश्वर के सांत्वना भरे शब्दों को सुनकर आश्वस्त होती है तो कहती है, "उस रोज पछतावे की भट्ठी मेरे अंदर धू-धू

करके जल रही थी और कैसे तुमने उसे ठंडा कर दिया था। तुमने कहा था,...गर्भ रह गया है? कोई बात नहीं, उगो, मुझे तेरा यह भ्रूण भी स्वीकार है। मेरे लिए इतना ही काफी होगा कि तुम उस शिशु की माँ रहोगी...कितनी बड़ी बात कही थी तुमने? कितना बड़ा आश्वासन दिया था!''[28] उगनी के लिए गर्भ का ठहरना केवल एक दुर्घटना थी। ऐसी एक दुर्घटना जो स्त्री के साथ कभी भी घट सकती है और कई बार घट सकती है। स्त्री का मन यदि किसी भी सम्बन्ध के लिए तैयार नहीं है तो वह सम्बन्ध स्त्री पर अत्याचार ही साबित होता है। भले ही किसी भी प्रकार के सम्बन्ध के लिए पुरुष को सामाजिक या वैधानिक अधिकार क्यों न मिले हों। नागार्जुन स्त्री मन के इस यथार्थ को व्यक्त करने के लिए उगनी से ही कहलवाते हैं, ''यह भी बलात्कार ही था। ठीक है, भीखन सिंह ने वैदिक विधियों से शादी की थी। ठीक है आधे घंटे तक अग्नि में आहुतियाँ डाली गई थीं। ठीक है, हवन के धुएँ ने बहुतों की आँखें आनन्द के आँसुओं से गीली कर दी थीं। ठीक है, तोला भर सिन्दूर माँग के बीचोबीच कई दिनों तक जमा रहा।''[29] नागार्जुन हमारा ध्यान इस ओर आकर्षित करते हैं कि विवाह के सारे आडम्बर यदि स्त्री और पुरुष के मन को मिलाने में अक्षम हैं तो उनका क्या औचित्य रह जाता है?

स्त्री के व्यक्तित्व को उभरने से पहले ही नष्ट कर देने वाला एकचलन बेमेल विवाह भी रहा है। कुछ वर्ष पहले तक पुरुष समाज ने स्त्री की भावनाओं की हत्या करने के लिए विवाह के नाम पर यह एक ऐसी रीत चलाई थी, जिसमें मंत्र पढ़कर विवाह संस्था को वैध और समाज स्वीकृत बनाने की कोशिश की जाती थी, किन्तु यह रीत पूरी तरह स्त्री जीवन को नष्ट करनेवाली थी। आज यह सवाल बार-बार मन में उभरता है कि आयु अथवा योग्यता के भारी अभाव के बावजूद एक पुरुष स्त्री को अधिकारपूर्वक क्यों अपने साथ बाँध लेता था? इस प्रकार की स्त्री विरोधी रूढ़ि को विवाह संस्था की छत्र-छाया क्यों प्रदान की जाती थी? वैवाहिक जीवन को स्वीकार करते समय स्त्री की इच्छा का सम्मान क्यों नहीं किया जाता था? नागार्जुन के उपन्यासों में इन सवालों को भी उभारा गया है। बेमेल विवाह स्त्री के लिए एक अभिशाप रहा है। यह कहना गलत न होगा कि इसने समाज में व्याप्त कुरीतियों और आर्थिक कारणों के चलते बीभत्स रूप धारण कर लिया है। लड़की तेरह-चौदह की भी नहीं होती कि उसकी शादी की चिन्ता में माता-पिता घुलने लगते हैं। आज भले ही इस अवधारणा में परिवर्तन आया हो परन्तु कुछ वर्षों पहले तक लड़की के लिए विवाह अनिवार्य घटक ही था। शादी के बाद ससुराल में अपने पति या सास-ससुर की इच्छा के बगैर स्त्री एक कदम बाहर नहीं रख सकती थी। 'रतिनाथ की चाची' में नागार्जुन ने तत्कालीन सामाजिक व्यवस्था और उस व्यवस्था में पिसती स्त्री, जिसे मुँह तक खोलने का अधिकार नहीं; इसे गौरी की बेटी प्रतिभामा के माध्यम से उजागर किया है- ''प्रतिभामा सत्रह साल की थी, उसे ससुराल गए तीन-चार साल होने

आ रहे थे। कुलीनता की दृष्टि से बहुत ही नीच, मूर्ख और चालीस साल के एक अधेड़ ब्राह्मण ने सात सौ नकद गिनकर उससे शादी की थी।''[30] इसी प्रकार 'नई पौध' में खोंखाई पंडित अपनी पन्द्रह वर्षीय नातिन बिसेसरी का रिश्ता साठ वर्षीय चतुरानंद चौधरी से कर आता है। घर का कोई सदस्य इस रिश्ते से खुश नहीं था परन्तु इसका विरोध करने की हिम्मत भी कोई नहीं कर पाता है। यहाँ तक कि बिसेसरी की माँ ''रामेसरी झाँक-झाँककर दूल्हे का चेहरा-मोहरा देख चुकी थी। वह बहुत उदास थी। शक्ल-सूरत तो आदमी की कोई इतनी बुरी नहीं थी, हाँ पकी उमर कोई तीन-चौथाई सफेद बाल बेचारे को बिसेसरी के अयोग्य घोषित कर रहे थे।''[31] बिसेसरी भी मन ही मन परेशान है और इस मुसीबत से त्रस्त है। किसी तरह वह इससे मुक्त होना चाहती है। नागार्जुन के उपन्यासों में स्त्री और उसके व्यक्तित्व की खोज करते समय इस बात पर बराबर ध्यान जाता है कि वे भारतीय समाज में प्रचलित व्यवस्था के जबड़ों में फँसी स्त्री पर अपना ध्यान केन्द्रित कर रहे हैं। वे यह दर्शाते हैं कि भारत के समाज में स्त्री को पददलित और अपाहिज बनाने के लिए ही अधिकांश व्यवस्थाओं का ढाँचा खड़ा किया गया है। पारो की पार्वती का बेमेल विवाह तय हो जाता है और वह अपने हृदय में ज्वालामुखी के विस्फोट में जलते हुए भी कुछ न कर पाने की मजबूरी ढोती रहती है। उसके जीवन का गला घोंटकर जो पुरुष सबसे अधिक खुश होता है, वह और कोई नहीं, भारतीय समाज में धर्म की ठेकेदारी करने वाला ब्राह्मण वर्ग है। दुख का विषय यह है वह ब्राह्मण वर्ग है। दुःख का विषय यह है कि यह ब्राह्मण थोड़े से लालच के लिए ऐसा काम करता है। ''हे भगवान, कैसे मैं यह जहर पियूँगी? रह-रहकर बिसेसरी के मन में यही तरंग उठती थी कि कुएँ में जाकर कूद पड़े-इससे अच्छा यही होगा कि भगवती दुर्गा की पीड़ी पर मेरी बलि चढ़ा दो...''[32] स्त्री जन्म के साथ ही इस वैतरणी के चलते बोझ रूप मानी जाती रही है और ऐसे में कई पंडित बिचौलिए इसे धन कमाने का साधन बना लेते हैं। नागार्जुन तत्कालीन भारतीय समाज की इस समस्या के पीछे पंडित की स्वार्थ वृत्ति को भी इसका कारण मानते नजर आते हैं। पारो के ही एक प्रसंग में इसका वर्णन इस प्रकार किया गया है, ''लगड़ा रहे या अन्धा, लूला रहे या काना, कोढ़ी रहे या पगला, बूढ़ा हो या प्रौढ़ पति साक्षात परमेश्वर होता है, यही शिक्षा तो अपने यहाँ छुटपन से ही औरतों को मिलती है।''[33] इसी सीख के चलते लड़कियाँ बचपन से ही मुँह सिले रहना सीख जाती हैं। पारो अपने मन से चौधरी को पति रूप में स्वीकार नहीं करती परन्तु उसके अत्याचार की शिकार होकर अन्ततः मृत्यु का ग्रास बनती है।

'रतिनाथ की चाची' और 'नई पौध' में नागार्जुन ने स्त्री विरोधी समाज में अकसर घटनेवाली एक ऐसी स्थिति को दर्शाया है, जहाँ स्त्री अपनी इच्छा के विरुद्ध अपने से बड़ी आयु के पुरुष की पत्नी बनने को ही मजबूर नहीं होती बल्कि खरीद-बिक्री की

बेजान वस्तु में भी बदल जाती है। विवाह योग्य होते ही यदि किसी स्त्री को बेच डाला जाए तो उसका जीवन कैसा नारकीय हो उठेगा, यह सोचने से ही मन काँप जाता है। रतिनाथ की चाची में अर्थाभाव के कारण गौरी चौदह-पन्द्रह साल की अपनी बेटी प्रतिभामा की शादी कुलीनता की दृष्टि से नीच चालीस वर्षीय अधेड़ ब्राह्मण से सात सौ नकद लेकर करती है। 'नई पौध' का खोंखाई पंडित तो अपनी ही बेटियों को बेच डालता है। महेसरी से उन्हें-1100 मिले थे,भुवनेसरी से 800, गुनेसरी से 700, गुंजेसरी 1000, वानेसरी से 700 और धनेसरी से 900 मिले थे और अब बिसेसरी का नम्बर था। फसल तैयार खड़ी थी, कटने भर का विलम्ब था।''[34] खोंखाई पंडित बिसेसरी के लिए सौराठ से एक काश्तकार को चुन लाया था, जो पाँचवी बार दूल्हा बन रहा था।

स्त्री को अपने अस्तित्त्व को बचाने के लिए इस पूरी भ्रष्ट दिग्भ्रमित और विनाशकारी समाज व्यवस्था को बदलना होगा। जब तक स्त्री के लिए विवाह की अनिवार्यता सम्बन्धी मान्यता पर पुनर्विचार नहीं किया जाएगा और जब तक स्त्री को मनुष्य के स्वाभाविक अधिकार प्रदान नहीं किए जाएँगे, तब तक स्त्री मुक्ति आन्दोलन सफल नहीं होगा। नागार्जुन सीधे-सीधे स्त्री मुक्ति की अवधारणा से जुड़े उपन्यासकार नहीं हैं किन्तु उनके उपन्यासों में स्त्री विरोधी व्यवस्था को जिस प्रकार उघाड़ा गया है उससे उनकी स्त्री सम्बन्धी दृष्टि का अवश्य पता चलता है।

नागार्जुन ने स्त्री विरोधी व्यवस्थाओं के कुछ और पक्षों को भी रेखांकित किया है। बहुविवाह और मृतस्त्रीक विवाह इसके उदाहरण हैं। 'रतिनाथ की चाची', 'पारो' तथा 'हीरक जयन्ती' आदि उपन्यासों में इस प्रथा के दुष्परिणामों को उजागर किया गया है। रतिनाथ की चाची में नागार्जुन ने मिथिला केब्राह्मण परिवारों में चलनेवाली बिकौआ की प्रथा की ओर भी संकेत किया है। बिकौआ वे लोग हैं जो अपनी कुलीनता बेच-बेचकर अपनी जीविका चलाते हैं। क्योंकि वे अत्यन्त दरिद्र होते थे। इसी उपन्यास के एक प्रसंग में लिखा है, ''इन्द्रमणि को भी अपनी तीन कन्याओं का भरण-पोषण आजन्म करना पड़ा क्योंकि चार में तीन दामाद परम अभिजात महादरिद्र और बिकौआ थे।''[35] इसी उपन्यास के एक अन्य प्रसंग में ''भोला पंडित ने पुत्र की लालसा से पैंतालीस साल की उम्र में यह दूसरी शादी की थी। पहली स्त्री भी अब तक मौजूद है। दोनों मुर्गियों की तरह आपस में लड़ती रहती थीं।''[36] अन्य प्रसंगों में वर्णित है कि दम्यन्ती के पिता ने दो शादियाँ की थीं। जयनाथ के परदादा ने इक्कीस शादियाँ की थीं। जयनाथ की बहन मेवालाल ठाकुर की तीसरी पत्नी थी।

एक ही उपन्यास से उद्धृत बहुपत्नी से उत्पन्न परिस्थितियों से स्पष्ट है कि जिस घर में सौतनें हुआ करती हैं वहाँ तो अशान्ति रहती ही है, जहाँ पत्नियाँ अलग-अलग जगहों पर हों वहाँ भी शान्ति नहीं रहती। ऐसे में पत्नियाँ पति के साथ पूर्णत: पारिवारिक सुख से

तो वंचित रहती हैं। नागार्जुन ने इसे गम्भीरता से लेते हुए 'रतिनाथ की चाची' में ही दिखाया है, "जनककिशोरी और शकुन्तला, इन्द्रमणि की वही लड़कियाँ हैं, जिनका ब्याह बिकौआ से हुआ था। दोनों बहनों का व्यवहार तीव्र था। परन्तु बुद्धिमती होने से उनकी यह तीव्रता बात नहीं, काम से जाहिर होती थी। एक का अपने चचेरे भाई से, और दूसरी का कुल्ली रावत के जवान बेटे से गुप्त स्नेह सम्बन्ध था। साल डेढ़ साल पर बिकौआ महाशय आ ही जाते। शकुन्तला के तीन लड़के थे, और जनककिशोरी के एक लड़का और एक लड़की। शकुन्तला के पति की सात शादियाँ थीं, और जनककिशोरी के पति की दस।"[37]

स्त्री जब किसी ऐसे पुरुष के बहकावे में आ जाती है जिसकी पहले से ही कोई पत्नी है तो उसके जीवन की दिशा ही बदल जाती है। कभी उसे अपनी ही जैसी दूसरी स्त्री को सौत के रूप में ढोना पड़ता है और कभी विवाहित होते हुए भी अपने पति से अलग रहने को विवश होना पड़ता है। परिणामस्वरूप उसके कदम बहकने की आशंका बनी रहती है। इतना ही नहीं कभी-कभी तो स्त्री को ऐसे पुरुष से विवाह करना पड़ता है, जिसके पास पूर्व पत्नी का मृत्यु शोक मनाने तक की फुर्सत नहीं होती। नागार्जुन ने पारो, हीरक जयन्ती और रतिनाथ की चाची जैसे उपन्यासों में इन प्रसंगों को उठाया है। नागार्जुन कहना चाहते हैं कि स्त्री समाज का एक हिस्सा ऐसा भी है, जो कृत्रिम प्यार और कृत्रिम जीवन जीने को विवश है। इस स्त्री समाज के हिस्से में पति भी है और प्यार भी, किन्तु न पति उसका है और न प्यार। कुल मिलाकर वह स्त्री के रूप में जीने की स्थितियों से बहुत परे है। शायद ऐसी स्त्रियाँ जानती ही नहीं कि उनके साथ क्या किया जा रहा है। स्त्री को उसकी मर्यादाओं और सीमाओं के साथ जीने के लिए नागार्जुन द्वारा प्रस्तुत परिस्थितियों को समझना होगा। स्त्री अधिकारों के रूप में हम जिस मुक्त दशा का सपना देखते हैं उस सपने में इन अबोध और विवश स्त्रियों का भी हिस्सा होना चाहिए। और स्त्री को एक जीते जागते मनुष्य की गरिमा प्रदान करने के लिए गुलाम बनानेवाली परिस्थितियों का विरोध किया जाना चाहिए।

नागार्जुन के उपन्यासों में कुछ स्त्री पात्र वेश्यावृत्ति के शिकार हैं और कुछ अपने सम्बन्धी तथा निकट के पुरुषों द्वारा दैहिक शोषण के शिकार। लेखक ने कुम्भीपाक में चम्पा और भुवनेश्वरी जैसे पात्रों के माध्यम से दो बिन्दु प्रस्तुत किए हैं। एक यह कि स्त्री अपने स्त्रीपन और स्वाधीनता से अपरिचित होने के कारण परिस्थितियों के सामने समर्पण करती चली जाती है और दूसरा यह कि उसकी दशा को पहचाननेवाली दूसरी स्त्री उसे शिकारी के पंजे से निकल भागने के लिए प्रेरित करती है। मूल प्रश्न परिस्थिति को समझने और मुक्ति के रहस्य को जानने का है। भारत जैसे समाज में आज भी अनेक ऐसी स्त्रियाँ हैं जो इससे परिचित नहीं हैं। अत: स्त्री मुक्ति की कामना करनेवाली शक्तियों को एक जागरण अभियान

चलाना होगा और स्त्री को उसके मनुष्य होने का अहसास कराना होगा।

आधुनिक युग में पूँजीवादी व्यवस्था और सामन्तवादी मानसिकता के कारण वेश्यावृत्ति हमारे समाज की एक जटिल समस्या बनी हुई है। नागार्जुन ने अपने उपन्यास कुम्भीपाक में इस समस्या का चित्रण किया है। गाँज की भोली लड़कियों को फुसलाकर लाया जाता है। और तरह-तरह के काम उनसे लिए जाते हैं। उपन्यास के एक प्रसंग में "ग्रामोद्योग भवन की कृपा से देहातिनें भी आधुनिकाएँ दिखने लगती हैं। विमला और शिला के साथ ठीक यही बात हुई। अशिक्षा या अल्प शिक्षा का पता जुबान खुलने पर ही लग सकता था। पोशाक और जलने-फिरने के लिहाज से वे कॉलेज की छात्राएँ लगती थीं।...पन्द्रह-बीस रोज बाद उन्हें लेने छोड़ने के लिए जीप पहुँचने लगी...आखिर एक शाम कार भी आई और अगली शाम को छोड़ गई।"[38]

चम्पा जो लड़कियों की बीमार बुआ बनकर रह रही थी। शर्मा के साथ मिलकर लड़कियों की दलाली करती है। उसके साथ रहते हुए एक दिन भुवनेश्वरी को भी उसके बेचे जाने की भनक लग जाती है। चम्पा के मुँह से उसे घुमाने की बात सुनकर, "भुवन का माथा ठनका, मुझे बेचने तो नहीं जा रहे हैं? मनोरमा को भी इसी तरह कहीं छोड़ आए थे ...अच्छा जजमान कोई फँसा होगा...कितने में बेचेंगे मुझे? तीन हजार में? पच्चीस सौ में? पन्द्रह सौ में?इसीलिए शाम को कल दो नफीस साड़ियाँ आई हैं।"[39]

नागार्जुन के उपन्यासों में स्त्री मन के विद्रोह और नारकीय जीवन से मुक्ति के संकेत भी उपलब्ध हैं। उनके स्त्री पात्र परिस्थितियों से जूझते हुए बार-बार यह दर्शाते हैं कि उनके मन में एक आग है, जो तमाम विरोधों को जला डालना चाहती है। नागार्जुन की स्त्री सम्बन्धी दृष्टि के प्रकाश में हृदय की इस आग को मुक्ति की कामना कहा जा सकता है। बलचनमा की छोटी बहन 13 की हो रही थी, उस पर छोटे मालिक की नजर पड़ती है और बुरी नीयत से उसका हाथ पकड़ लेता है। वह अपना हाथ छुड़ा लेती है। "मालिक अपनी धुन में मस्त थे। उस राक्षस ने तय कर लिया था कि आज इस छोकरी को अछूती न छोड़ूँगा।"[40] लड़की हाथ न लगने पर लड़की की माँ की खूब पिटाई की गई और उसे लड़की को ले आने के लिए कहा गया, लेकिन बलचनमा की स्त्री पात्र माँ अपने मालिक के तमाम दबावों के सामने घुटने नहीं टेकती और अपनी बेटी को उसके हवाले नहीं करती। सामन्ती समाज में एक स्त्री विरोधी व्यवस्था के सामने साहस के साथ चुनौती की मुद्रा में खड़ी हो जाती है।

वरुण के बेटे की मधुरी अपने पति की कायरता और ससुर के अत्याचार के विरोध में कठोर कदम उठाती है, जिसके चलते वह अपने ससुराल से वापस आ जाती है। वह सोचती है, "...नहीं अब वह कभी उस नशाखोर बुड्ढे की लात-बात बर्दाश्त करने नहीं जाएगी...फिर से शादी कर लेगी किसी दिलेर-नेक चलन और मेहनतकश जवान से...और,

बगैर मर्द के कोई औरत अकेली जिन्दगी नहीं गुजार सकती क्या?''[41] उपन्यासकार ने मधुरी को एक आन्दोलन में भाग लेते हुए भी दिखाया है। जब शोषक शक्तियाँ मछुवाड़ों के तालाब को हड़पना चाहती हैं और उसके विरुद्ध आन्दोलन होता है तो मधुरी आन्दोलनकारियों में सबसे आगे होती है। स्त्री का यह विद्रोह दर्शाकर उपन्यासकार ने स्त्री समाज की मुक्ति की घोषणा कर दी है।

इमरतिया उपन्यास की इमरतीदास ने मठों और धर्म संस्थानों के चुंगल में फँसकर नारकीय जीवन जीनेवाली स्त्रियों को विद्रोह और मुक्ति का मार्ग दिखाया है। इमरतिया जेल से छूटने के बाद अकेली लेटे-लेटे अपने को भिखारिन से भी गई-गुजरी समझने लगती है। परन्तु निर्णय करती है कि वह जेल से मस्तराम के छूटने का इंतजार करेगी। वह कहती है, ''मैं उसकी राह देखूँगी। उसको मैं जमनिया के मठ में नहीं रहने दूँगी। हम दोनों इस नरक से साथ-साथ छुटकारा पाएँगे।''[42] यह स्त्री अकेले अपने को ही मुक्त नहीं करना चाहती बल्कि नरक भोगते हुए पुरुष को भी मुक्ति के मार्ग पर ले जाना चाहती है। इसका अर्थ है कि शोषित पीड़ित पुरुष की पीड़ा को अनुभव करने की और मुक्ति तलाशने की क्षमता रखती है। स्त्री जीवन का यह अभिनव पक्ष है जिसे नागार्जुन के उपन्यासों में देखा जा सकता है।

नागार्जुन के उपन्यासों का व्यापक अध्ययन करने से यह तथ्य सामने आता है कि उन्होंने अपने उपन्यासों में जो स्त्री पात्र प्रस्तुत किए हैं, उन्हें स्त्री-विमर्श जैसी किसी पूर्व निर्धारित कसौटी के आधार पर नहीं गढ़ा है। जिन दिनों ये उपन्यास लिखे जा रहे थे उन दिनों स्त्री-विमर्श की अवधारणा लेखकों के बीच अपनी जगह नहीं बना पाई थी। प्रगतिशील लेखक तो वैसे भी इस प्रकार की धारणाओं के प्रति आकर्षित होने की स्थिति में नहीं थे। नागार्जुन तो विशेष रूप से इस ओर खिंचने वाले लेखक नहीं थे। ऐसी स्थिति में नागार्जुन के उपन्यासों को स्त्री विमर्श के उस खाँचे में बैठाना कठिन है, जो वर्तमान में लेखकों की रुचि का विषय बन चुका है। तब सवाल यह उठता है कि नागार्जुन के उपन्यासों की समीक्षा स्त्रियों के सन्दर्भ में कौन सा रास्ता अपनाकर की जाए? यह प्रश्न गम्भीरता लिए हुए है और इसका उत्तर समीक्षकों से अधिक नागार्जुन के पास ही है। वे अपने हर उपन्यास के स्त्री पात्रों को गढ़ते हुए यह धारणा पैदा करते हैं कि स्त्री के जीवन, व्यवहार, आचरण और उसकी प्रतिक्रियाओं को ध्यान से देखना चाहिए। उनके उपन्यासों की स्त्रियाँ ऐसी साधारण जगहों से आती हैं, जहाँ किसी आन्दोलन की आँच पहुँचना कठिन होता है। नागार्जुन चुपचाप वहाँ जाते हैं और इन स्त्रियों को उनके सपाट लेकिन अन्तर्विरोधों से भरे जीवन प्रसंगों के साथ अपने साहित्य में खींच लेते हैं। नागार्जुन द्वारा प्रकाश में लाई इन स्त्रियों का जीवन स्त्री-विमर्शकारों के लिए कच्ची सामग्री है। इतना निश्चित है कि इस कच्ची सामग्री को जाँचे-परखे बिना स्त्री-विमर्श की प्रचलित बहसें नितांत अधूरी हैं।

यहीं नागार्जुन स्त्री-विमर्श की दृष्टि से प्रासंगिक ठहरते हैं।

सन्दर्भ

1. स्त्री उपेक्षिता, सीमोन द बोउवार, अनु.- प्रभा खेतान, पृ. 53
2. मार्क्सवाद और हिन्दी उपन्यास, डॉ. गोपालकृष्ण शर्मा, पृ. 26
3. नई सहस्राब्दी का स्त्री-विमर्श, सं-डॉ. वीरेन्द्र सिंह यादव, लेख-डॉ. सुरेश कानडे, पृ. 3
4. आदमी की निगाह में औरत, राजेन्द्र यादव, पृ. 33
5. अपना कमरा,वर्जीनिया वुल्फ, अनु-गोपाल प्रधान, पृ. 52
6. आदमी की निगाह में औरत, राजेन्द्र यादव, पृ. 71
7. कुम्भीपाक, नागार्जुन, पृ. 93
8. वही, पृ. 108
9. रतिनाथ की चाची, नागार्जुन, पृ. 33
10. कुम्भीपाक, नागार्जुन, पृ. 108
11. रतिनाथ की चाची, नागार्जुन, पृ. 9
12. वही, पृ. 63
13. वही, पृ. 10
14. वही, पृ. 37
15. नई पौध, नागार्जुन, पृ. 11
16. दुखमोचन, नागार्जुन, पृ. 92
17. वही, पृ. 92
18. वही, पृ. 77
19. वही, पृ. 77
20. कुम्भीपाक, नागार्जुन, पृ. 109
21. वही, पृ. 88
22. वही, पृ. 95
23. हीरक जयन्ती, नागार्जुन, पृ. 18
24. वही, पृ. 101
25. उग्रतारा, पृ. 31
26. वही, पृ. 32
27. वही, पृ. 86
28. वही, पृ. 85
29. वही, पृ. 35
30. रतिनाथ की चाची, नागार्जुन, पृ. 18
31. नई पौध, पृ. 45
32. वही, पृ. 38
33. पारो, नागार्जुन, पृ. 31
34. नई पौध, नागार्जुन, पृ. 10

35. रतिनाथ की चाची, नागार्जुन, पृ. 22
36. वही, पृ. 64
37. वही, पृ. 65
38. कुम्भीपाक, नागार्जुन, पृ. 25
39. वही, पृ. 47
40. बलचनमा, नागार्जुन, पृ. 59
41. वरुण के बेटे, नागार्जुन, पृ. 96
42. इमरतिया, नागार्जुन, पृ. 22

तमस के आइने में साम्प्रदायिक शक्तियों के चेहरे

प्राचीन भारत में 'धर्म' शासन का एक आवश्यक अंग था,परन्तु बदलते युग के परिप्रेक्ष्य में उसकी प्रासंगिकता सन्देहास्पद हो गई। कारण यह कि विश्व के सभी धर्मों में सम्पूर्ण मानव-जाति के कल्याण का भाव अन्तर्निहित होने के बावजूद समाज में धर्म के नाम पर उत्पीड़न, अत्याचार, दुख और कष्ट ही अधिक दिखाई देते हैं। धर्म पर जब भी विचार होता है, तो उसके दो पक्ष सामने आते हैं, एक धर्म का दर्शन और दूसरा धर्म का कर्मकांड। इतिहास इस बात का साक्षी है कि किसी भी धर्म का दार्शनिक पक्ष मानवता, स्वतन्त्रता, समानता, करुणा,दया,परदुःख कातरता जैसे उदात्त गुणों का विरोधी नहीं है, जबकि उसका कर्मकांड हमेशा से ही रूढ़िग्रस्त, बुद्धि और विवेक का विरोधी, अज्ञान और अहंकार का शिकार तथा मनुष्य को अन्धेपन की ओर ले जानेवाला रहा है।

भारतीय जीवन में विभिन्न धार्मिक वर्गों में जो शत्रुता दिखाई दे रही है, वह कितनी घातक है, इसका अन्दाजा इस बात से ही लगाया जा सकता है कि अब तक जितने साम्प्रदायिक दंगे हुए हैं, धर्म और संस्कृति की रक्षा के नारे लगाए गए हैं। प्रश्न यह है कि जो संस्कृति अपने अर्थ में ही मनुष्य का संस्कार करके उसे आदर्श जीवन पद्धति प्रदान करने का लक्ष्य घोषित करती है और जो धर्म अपने अर्थ में विकासशील जीवन-मूल्य तथा आचरण धारण करने पर जोर देता है- उसी की रक्षा के लिए हिंसा के मार्ग का समर्थन कैसे किया जा सकता है? यह समझ के परे है कि साम्प्रदायिकता किस संस्कृति की रक्षा के लिए जोर मार रही है? यह वर्तमान बौद्धिक विकास पर प्रश्नचिह्न है कि धर्म को अत्यन्त संकीर्ण रूप देकर शोषण का आधार बना दिया गया है। यह स्पष्ट है कि इससे समाज का या व्यक्ति का या फिर धर्म और संस्कृति का ही कोई भला नहीं हुआ। इसके विपरीत अपार धन-जन की हानि अवश्य हुई। "धर्म के नाम पर हुए धर्मयुद्ध, क्रुसेड, होलीवार, जेहाद में अब तक करोड़ों लोग मारे जा चुके हैं। धर्म और स्वर्ग की दुहाई देकर विधवाओं को जिन्दा जलाया जाता रहा है; अबोध शिशुओं की बलि दी जाती रही है।"[1] इस तरह का जघन्य कृत्य, जिसे आम तौर पर लोग करने का सोच भी नहीं सकते, जिसके बारे में सुनकर सिहरन होती है, उसी को साम्प्रदायिक दंगों के दौरान इंसान कर

बैठता है। सवाल यह है कि साम्प्रदायिक भावना में ऐसी कौन सी क्रूर शक्ति होती है, जिसके कारण इंसान ही इंसान को विधर्मी होने के नाम पर मारने-काटने पर उतारू हो जाते हैं। भारत में साम्प्रदायिक दंगों और उनके पीछे के कारणों का वैज्ञानिक विवेचन करते हुए विभूति नारायण राय लिखते हैं, "साम्प्रदायिकता को हमेशा एक शत्रु की जरूरत होती है और इस मामले में शत्रु दूसरा धर्मावलम्बी ही हो सकता है। इसके द्वारा एक समुदाय के सदस्यों को यह विश्वास दिलाया जाता है कि उनके लौकिक और पारलौकिक हित दूसरे धर्मावलम्बी समुदाय के हितों पर आघात पहुँचाकर ही सुरक्षित रखे जा सकते हैं। साम्प्रदायिकता के दर्शन में आस्था रखनेवाले यह मानते हैं कि एक धार्मिक समुदाय के सदस्य बने रहने से ही हो सकती है।"[2]

ऐसी भावना इंसान के मन में अचानक नहीं उठती, बल्कि मन-मस्तिष्क इससे पोषित होने के कारण इसकी जड़ें गहरी पैठी होती हैं और इसका आधार भी अतीत में यानी इतिहास में खोजा जा सकता है। मध्यकाल में आर्थिक हितों और साम्राज्य विस्तार की घृणित लिप्सा पूर्ति के लिए धर्मांधता का खुलकर प्रयोग किया जाता था। न केवल भारत, बल्कि विश्व भर के अनेक देशों में भी शासक वर्ग ने पाखंडी पुरोहितों से साँठ-गाँठ करके जनता का शोषण किया है। आधुनिक युग में इसकी अभिव्यक्ति गौरवशाली अतीत की रक्षा या फिर इतिहास में हुए अत्याचारों का बदला लेने के लिए की जानी आरम्भ हो गई है। यह धार्मिक गतिविधियों को गति देनेवाले साबित होते हैं। इसे प्रख्यात उपन्यासकार भीष्म साहनी ने गम्भीरता के साथ समझा है। वे कहते हैं- "आम तौर पर हम लोग अतीत के मोह में फँसे होते हैं, अतीत का मोह बहुत आकर्षित करता है।"[3] इस कारण हिन्दू-मुसलमानों को अपने सदियों पुराने शत्रु मानते हैं और मुसलमान भी हिन्दुओं को पारम्परिक शत्रु के रूप में देखते हैं। भीष्म साहनी के उपन्यास 'तमस' में साम्प्रदायिकता के विभिन्न कारणों को घटनाओं के माध्यम से समझाते हुए हिन्दू-मुसलमान शत्रुता का आधार ऐतिहासिक दिखाया गया है। "यह कुर्बानी की आवाज शताब्दियों के फासले लाँघकर फिर से गूँज रही थी। तीन सौ साल पहले भी ऐसा गीत दुश्मन से लोहा लेने से पहले गाया जाता था। आत्म-बलिदान की भावना से ओत-प्रोत वे सब कुछ भूले हुए थे। तुर्कों के साथ लोहा लेने का फिर से समय आ गया था।"[4]

अन्ध धार्मिकता संसार के अनेक लोगों के मन पर छाई हुई है। काल्पनिक स्वर्ग की कामना इतनी प्रबल है कि अधिकांश व्यक्ति उसे पाने की लालसा में पाखंड पूर्ण जीवन व्यतीत करते हैं। यही अन्ध धार्मिकता साम्प्रदायिक दंगों के मूल कारण बनते भी नजर आती है। आज के न्यूक्लियर और तकनीकी युग में भी हमारे देश में धर्मांधता का उन्माद प्रायः देखने को मिल जाता है। मुसलमानों की धार्मिक कट्टरता के सामने राम और हिन्दुत्व के नाम पर हिन्दुओं को उत्तेजित किया जाता है। यह एक ऐसी स्थिति है, जो हमें

मध्ययुगीन जड़ता की ओर ले जा रही है। गौरव, संस्कृति और पारम्परीण मूल्य चेतना जैसे भारी भरकम शब्दों को क्रूर कठिन पाषाण शिला जैसा बना दिया गया है और उसके नीचे मनुष्य की वास्तविकआस्था को कुचल दिया गया है। ऊपर से विडम्बना यह है कि आस्था के स्थान पर रिक्त हुई जगह को अन्ध आस्था और विवेकहीनता को स्थापित कर दिया गया है। धर्म के जुड़ाव के नाम पर भारत के हिन्दुओं और मुसलमानों में ही नहीं बल्कि अन्य धर्म वालों में भी जो नई हलचल दिखाई दे रही है, उसे केवल अन्धी अत्याचारप्रिय आस्था ही कहा जा सकता है। "भारतीय सन्दर्भ में साम्प्रदायिकता का आशय मुख्य रूप से हिन्दुओं और मुसलमानों के बीच व्याप्त सन्देह, भय, प्रतिस्पर्धा, कटुता और हिंसा से है।"[5] दोनों ही समुदायों के मन में एक दूसरे के प्रति अविश्वास का एक भाव स्थाई रूप ले चुका है, जिसके कारण तरह-तरह की अफवाहें फैलने लगती हैं और जरा सी बात भी एक चिनगारी का काम करती है और भयंकर आग रूपी दंगे में बदलते देर नहीं लगती और आश्चर्य होता है कि बिना किसी ठोस वजह के भिन्न धर्म होने के कारण आदमी शत्रु मान लिया जाता है।

इसका दुष्परिणाम भी हम देख रहे हैं। इसी अन्धास्था तथा अन्धविश्वास से हमारी बुद्धि कुंठित हुई है और इससे उत्पन्न अशान्ति और अस्थिरता के चलते प्रगति और विकास का मार्ग रुका है। व्यक्ति की ऊर्जा विकास और उन्नति में लगने के बजाय विनाशकारी कृत्यों में जाया होती है। केवल अपने धर्म को श्रेष्ठ मानना और दूसरे के धर्म को कम आँकना अन्धास्था का प्रमाण है। ऐसी जड़ता के कारण व्यक्ति विवेकहीन हो जाते हैं। ऐसी विवेकहीनता ही विधर्मी के प्रति शत्रुता के भाव को बढ़ानेवाली साबित होती है। 'तमस' में ऐसे ही मजहबी जुनून के दृश्य का अंकन हुआ है-"यहाँ पर गाँव के सभी मुसलमान किसान तेली नानबाई अब मुजाहिद बन गए थे; काफिरों के खिलाफ जिहाद की तैयारियाँ चल रही थीं, आँखों में यहाँ भी खून उतर आया था और कुर्बानी का जज्बा दिलों में लहरें मार रहा था।"[6]

जिसे कुर्बानी का जज्बा अथवा धर्मरक्षा के लिए प्राणों की आहुति कहकर प्रचारित किया जाता है, वह किसी जादू भरे छल से कम नहीं हैं। निहित स्वार्थों के उद्देश्य से सांस्कृतिक इतिहास की मनमानी व्याख्या करकेइस प्रकार के नारों वाली उक्तियाँ व्यक्ति और समूह दोनों के चरित्र का अभिन्न अंग बना दी गई हैं। यह स्थिति जहाँ विधर्मी की हत्या के लिए हाथ में तलवार, चाकू या बन्दूक देती है,वहीं मनुष्य में वह निष्ठुर भावना भी पैदा करती है, जो साम्प्रदायिक दंगों के दौरान तटस्थता ओढ़ने को बाध्य करती है। धर्म और संस्कृति के इतिहास के नाम पर पिछले वर्षों में जो अजनबीयत पैदा कर दी गई है, उसने प्रभावशाली और समझदार लोगों तक को धार्मिक वैमनस्य के विरुद्ध हस्तक्षेप करने से रोका है। परिणामतः "धर्म आधारित पुराना नजरिया और उससे जुड़ा हुआ

अलगाव बरकरार है और जनता के उत्पीड़ित तबकों का ज्यादातर हिस्सा अगर इन साम्प्रदायिक टकरावों में सक्रिय हिस्सा नहीं लेता है तो उन्हें रोकने के लिए हस्तक्षेप भी नहीं करता। हिन्दू-मुस्लिम दंगों में तो खास-तौर पर ऐसा होता है''[7] और ऐसा बिना वजह नहीं होता। आज भी जब कभी सम्प्रदाय का सवाल उठता है तो शत्रुता का इतिहास उनके स्मृति-पटल पर हरा हो उठता है। यह इतिहास उनको प्रेरणा देने वाले हो जाते हैं। जिससे प्रेरित होकर वे भी अपने वीर पूर्वजों की भाँति शत्रु से लोहा लेने के लिए युद्ध कौशल दिखाने को तत्पर हो जाते हैं और अपने साथ रहने वालों को ही शत्रु मान बैठते हैं। यहाँ इस पर भी विचार कर लेना चाहिए कि कहीं ऐसा तो नहीं कि वर्तमान में अपनी हीन स्थिति से उबरने के लिए अतीत के झूठे गर्व के माध्यम से अपनी हीनता बोध पर विजय पाने की कोशिश हो। तमस के निम्न प्रसंग में सम्प्रदायवादी भावना से पीड़ित झूठा गर्व दिखाई देता है- ''तुर्क आए थे पर वे अपने ही पड़ोस वाले गाँव से आए थे। तुर्कों के जेहन में भी यही था कि वे अपने पुराने दुश्मन सिक्खों पर हमला बोल रहे हैं और सिक्खों के जेहन में भी वे दो सौ साल पहले के तुर्क थे जिनके साथ खालसा लोहा लिया करता था। यह लड़ाई ऐतिहासिक लड़ाइयों की शृंखला में एक कड़ी ही थी। लड़ने वालों के पाँव बीसवीं सदी में थे, सिर मध्य युग में।''[8]

यह प्रसंग मन-मस्तिष्क दोनों को आन्दोलित करनेवाला है। यह अजीब विडम्बना है कि विश्व भर में तीव्र गति से हो रहे तकनीकी विकास के बीच सम्प्रदायवादी अपनी जड़ें मजबूत करने में लगे हैं और दुःखदायी सच है कि जब हिंसा और रक्तपात को इतिहास का आधार मिल जाए तो उसे समाप्त करना या नियन्त्रित करना असम्भव हो जाता है। भारत में विशेषकर जहाँ हर व्यक्ति धार्मिक इतिहास और सामान्य जीवन में स्मृतियों से चिपका रहने में ही आनन्द मानता है, जो हिंसा इतिहास के माध्यम से आधुनिक व्यक्ति को परिचालित करती है वह लम्बी लड़ाई के बिना समाप्त नहीं हो सकती। वह भिन्न-भिन्न रूपों में इतिहास की घटनाओं को गौरवशाली बनाकर प्रस्तुत करती है। भारतीय सन्दर्भ में हिन्दु-मुसलमानों के बीच सम्बन्धों का निर्धारण करने में यही प्रवृति मध्ययुग को अपने पक्ष में बनाती है। ऐतिहासिक दृष्टि से भारत में व्याप्त साम्प्रदायिक वैमनस्य का मुख्य कारण ब्रिटिश कूटनीति को माना जाता है। उपनिवेशवादी शासकों ने अपने राजनीतिक उद्देश्य की प्राप्ति के लिए धर्मभीरूता का हथियार के रूप में प्रयोग कर हिन्दू-मुसलमान दोनों को पराजित किया। इसमें उनकी शक्ति की भूमिका इतनी नहीं थी, जितनी इन दोनों जातियों की नासमझी और असहिष्णुता की थी। इस बात को मानते हुए भी इससे इंकार नहीं किया जा सकता कि हिन्दू और मुसलमानों के बीच के वैमनस्य का भरपूर लाभ साम्राज्यवादी ताकतों ने उठाया। विभूति नारायण राय ने स्पष्ट शब्दों में लिखा है, ''भारत में साम्प्रदायिक दंगे मुख्य रूप से ब्रिटिश साम्राज्यवाद के अन्तर्विरोधों

की उपज हैं। इनके पीछे गौरांगप्रभुओं की यह इच्छा थी कि स्वतंत्रताकामी भारतीय जन-उभार को धार्मिक उन्माद में डुबोकर येन-केन-प्रकारेण अपना शासन बरकरार रखा जाए।''[9] यह कम आश्चर्यजनक नहीं कि हिन्दुओं और मुसलमानों का शत्रु एक ही था,किन्तु वे उसका सम्मिलित विरोध करना छोड़कर परस्पर सन्देह और अविश्वास का युद्ध लड़ने लगे। एक-दूसरे को पराजित करने की प्रवृत्ति और पारस्परिक अवमानना का खेल आगे चलकर इतना संकटपूर्ण हो गया कि इसने भारतीय समाज को स्थाई विभाजन की ओर ढकेल दिया। ऐतिहासिक परिस्थितियों में धर्मान्ध दृष्टि ने हिन्दू-मुसलमान को स्वतन्त्रता के वास्तविक लक्ष्य से भी दूर कर दिया। इसका दुष्परिणाम नव स्वतन्त्र भारत को भुगतना पड़ा ही आज भी भुगत रहा है। विभाजन के समय उठाई हुई पीड़ा की टीस आज भी क्या दोनों समुदाय के लोग भुला पाए होंगे? यह एक ऐसा तत्त्व है जिसने व्यक्तिगत सम्बन्धों पर ही नहीं बल्कि देश की शान्ति पर भी रह-रहकर प्रभाव डाला है, नहीं तो आज राम जन्म-भूमि और बाबरी मस्जिद का मामला इतना तुल नहीं पकड़ता।

हिन्दू और मुसलमानों के बीच जो आत्मिक सम्बन्ध थे वे रह-रहकर आशंका की धूरी पर घूमने लगते हैं। 'तमस' में रघुनाथ और शाहनवाज की दोस्ती पर कुछ इसी तरह का रंग चढ़ गया था। जब ''रघुनाथ ने गम्भीर आवाज में कहा, 'बहुत गड़बड़ है, दिल को बड़ा दुःख होता है, भाई-भाई का गला काट रहा है।' पर सहसा इस वाक्य से दोनों के बीच एक तरह की दूरी सी पैदा हो गई। उनके आपसी रिश्तों की बात और थी, हिन्दू-मुसलमान के रिश्ते की बात दूसरी थी, इस वाक्य से रघुनाथ ने मानो निजी रिश्ते के साथ जातियों के रिश्ते को जोड़ने की कोशिश की थी जिसके बारे में दोनों के अलग-अलग विचार थे।''[10] दोनों ही चरित्र साम्प्रदायिकता के गणित को समझाने वाले समर्थ प्रतीक हैं। इन दोनों के बीच विद्यमान आदर्श सम्बन्धों में जो दरार पड़ती है, वह वास्तव में भारत के भविष्य को दो भाग करनेवाली दरार है। 'तमस' के ही एक प्रसंग में विभाजित होते समाज का चित्रण हुआ है, ''मुहल्लों के बीच लीकें खिंच गईं थीं, हिन्दुओं के मुहल्ले में मुसलमान को जाने की हिम्मत नहीं थी, और मुसलमानों के मुहल्ले में हिन्दू सिख अब नहीं आ-जा सकते थे। आँखों में संशय और भय उतर आए थे। गलियों के सिरों पर और सड़कों पर नाकों पर जगह-जगह कुछ लोग हाथों में लाठियाँ और भाले लिये और मुश्कें बाँधे, छिपे बैठे थे।''[11] आधुनिक काल में हम देखते हैं कि इसे पाटने की जितनी कोशिश की जाती है यह उतनी ही बढ़ती जाती है। इसके बढ़ने में भारत के हिन्दू-मुसलमानों की धार्मिक कट्टरता मुख्य रूप से जिम्मेदार है, इसी के साथ दक्षिण एशिया के देशों में इस्लामी समाज में अचानक जो आक्रामकता और कट्टरता बढ़ी है, वह भी बहुत हद तक इसकी जिम्मेदार है।

भीष्म साहनी ने 'तमस' में साम्प्रदायिकता की समस्या के मानसिक प्रभाव का

चित्रांकन पूरी सजगता से किया है। जब क्षण भर में ही सम्बन्धों की विरासत रक्तरंजित हो जाती है तो मनुष्य का जीवन सामान्य ढंग से नहीं चल पाता। उसकी सोचने-समझने और समयानुकूल बात करने तक की शक्ति चली जाती है। अपनी जड़ों से कटने की जो पीड़ा उसे मिलती है वह उसके भीतर आशंका और सन्देह का धुआँ भर देती है। साम्प्रदायिक मनोविज्ञान इंसान को भीतर तक दहला देने की ताकत रखता है, इसलिए जिस भूमि पर बरसों से जड़ें जमाए रहते हैं वहाँ से एक ही पल में बेदखल कर दिया जाता है। प्राण रक्षा का प्रश्न इतना प्रबल है कि पुश्तैनी जमीन छोड़ने के कष्ट से हृदय को सौ मन का बनाए उस स्थान से प्रस्थान करने के अलावा कोई चारा नहीं बचता। भीष्म साहनी ने साम्प्रदायिक दंगों के चलते विस्थापन की पीड़ा को हरनाम सिंह और बन्तो के माध्यम से चित्रित किया है। जब दोनों को अपनी बरसों से चल रही दुकान छोड़कर जाना पड़ता है तो विवशता में हरनाम सिंह कह उठता है, ''जहाँ सबको जानता था, वहाँ किसी ने आसरा नहीं दिया, सामान लूट लिया और घर को आग लगा दी। यहाँ जानने वालों से क्या उम्मीद हो सकती है? उन लोगों के साथ तो मैं खेल बड़ा हुआ था...।''[12] जिस घर में इंसान सुकून और सुरक्षा का अनुभव करता है, साम्प्रदायिक दंगों के दौरान यही खतरे से भरा हो उठता है। महफूज स्थान की खोज में दर-ब-दर भटकने को मजबूर हो जाते हैं, ''बन्तो का मुँह सूख रहा था और हरनाम सिंह की टाँगें बार-बार लड़खड़ा जाती थीं। पर इस समय केवल वे दो ही नहीं, अनेक लोग दर्जनों गाँवों में से इसी भाँति जान बचाते घूम रहे थे, अनेक लोगों के कानों में टूटते किवाड़ों की आवाजें पड़ रही थीं। पर उनके पास न सोचने के लिए वक्त था, न भविष्य के मनसूबे बाँधने के लिए। वक्त था जैसे-तैसे जान बचा पाने के लिए।''[13] भय और असुरक्षा ऐसा यथार्थ था, जिसने मौत से साक्षात्कार करवा दिया था, इसलिए अंकरा के बन्दूक ले लेने पर, ''बन्दूक तो मेरे लिए अन्धे की लाठी के समान थी। अब वह मुझे कहाँ मिलेगी? सोचते ही हरनाम सिंह का पसीना छूट गया। उसे अपने से भी अधिक अपनी पत्नी की स्थिति शोचनीय लगी। अब मैं इसे ले जाऊँगा तो किस बूते पर? अब तो लोग पत्थर मार-मारकर हमें मार डालेंगे। भक्ति और ज्ञान और मानव-प्रेम की बरसों की कमाई हरनाम सिंह यथार्थ के एक ही थपेड़े में खो बैठा था।''[14] यहाँ साम्प्रदायिकता के उस चेहरे के दर्शन होते हैं, जो विचार और आदर्श की विरोधी ही नहीं, बल्कि सीधी हत्यारिन के रूप में सामने आती है। यह कितनी भयानक विडम्बना है कि जो आदमी जीवन भर मानवता प्रेमी आदमी बनकर जीने की कोशिश करता रहा, जिसने कभी आदमी को आदमी के अलावा कुछ मानना नहीं चाहा, वही एक समय भावना से अधिक बन्दूक को अपना सहारा मानने को मजबूर हुआ।

साम्प्रदायिक दंगों के दौरान आश्रय की खोज में भटकते लोगों का सामना भिन्न धर्मावलम्बियों के साथ होता है, तो जैसे वे अपनी ही मौत को साक्षात देखते हैं। ऐसे में

जिन्दा रहने जैसा सवाल ही उनके सामने अहम हो उठता है। यहाँ तक कि अपनी पहचान और अपने अस्तित्त्व को मिटाकर भी आदमी जिन्दगी का सुराग ढूँढ़ने लगता है। जब इकबाल सिंह जान बचाने की कोशिश में रमजान और उसके साथियों के हाथ में पड़ जाता है, तो उसके सामने जिन्दा रहने के लिए एक शर्त रख दी जाती है, "इस्लाम कबूल करेगा या नहीं? अगर मंजूर हो तो अपने आप बाहर आ जा, हम तुम्हें कुछ नहीं कहेंगे। वरना ढेले मार-मारकर मार डालेंगे।"[15] यहाँ साम्प्रदायिकता आदमी को एकदम जंगली और निरा घमंडी बना देती है। उसे अपनी आदमियत को छोड़कर इस घृणित दशा तक पहुँचने में ज्यादा वक्त नहीं लगा, क्योंकि धार्मिक रूढ़िवाद से प्राण ग्रहण करनेवाली ताकतों ने अपनी पूरी चालाकी के साथ इस आदमी को चारों तरफ से घेर लिया तथा उसके मन को बदलकर रख दिया। अब वह अपने धर्म को ही सबसे बड़ा, महान और मनुष्य मात्र के लिए स्वीकार करने योग्य मानने लगा। उसने यह भी मान लिया कि जितने अधिक से अधिक लोगों को वह अपना धर्म स्वीकार करने को मजबूर करेगा, उसे उतना ही पुण्य मिलेगा। इसी के चलते वह धर्मांधता के कारण हुए दंगों में इसी के अवसर तलाशता रहता है। यहाँ तक कि अगर कोई उसके धर्म को स्वीकार नहीं करता, तो वह उसकी जान लेने में भी नहीं हिचकता।

यह प्रसंग नागार्जुन की उस कविता की याद दिलाता है, जिसमें एक रिक्शेवाला अपना नाम रामपरसाद रख लेता है, और जीवित रहने का अधिकार पा जाता है, यानी नाम बदलते ही जीवन की राह मिल जाती है। सोचने का विषय है कि साम्प्रदायिकता के कारण व्यक्ति की पहचान ही उसके लिए संकट बन जाती है और पहचान बदलते ही जीने की सुविधा पा जाता है; लेकिन सवाल यह है कि व्यक्ति की जिस धर्म पर, जिस ईश्वर पर आस्था होती है, क्या उसे भी हस्तान्तरित किया जाना सम्भव है? क्या जोर-जबर्दस्ती से अपनाया हुआ जीवन कभी बेमानी नहीं लगेगा? इकबाल सिंह भी इकबाल अहमद बनकर जीवन तो पा लेता है, परन्तु क्या उसे अपनी पहचान और अपना व्यक्तित्व त्यागने की टीस चुभती न होगी? अवश्य चुभती होगी, तभी तो "पुरानी अलामतें हटाकर नई अलामतें लाने की देर थी कि इनसान बदल गया था, अब वह दुश्मन नहीं था, दोस्त था, काफिर नहीं था, मुसलमानों केसारे दरवाजे उसके लिए खुल गए थे। खाट पर पड़ा इकबाल अहमद रात भर छटपटाता रहा।"[16] इस टीस को दिखाना उपन्यासकार का एक प्रमुख लक्ष्य है, क्योंकि साम्प्रदायिक दंगे कुल मिलाकर आदमी के अस्तित्व पर हमला करते हैं। वे उसे उसकी पहचान से काटते हैं, जो आदमी को परम्परा से मिली होती है। इससे भी आगे ये दंगे आदमी की एक पहचान छीनकर उसे एक दूसरी अपरिचित पहचान से जोड़ देते हैं। हृदय में टीस पैदा होने का असली कारण यही है।

दंगों के दौरान लगाए जाने वाले शरण-शिविरों में पीड़ितों का व्यवहार भी सामान्य

लोगों जैसा नहीं होता बल्कि वे अत्यधिक शंकालु, चंचल, भीरुता भरे और सोचने-समझने की सामान्य शक्ति से हीन दिखाई देते हैं। तब उन्हें जिंदा रह पाने जैसे बड़े सवाल परेशान करने लगते हैं। ''कभी-कभी कार्यकर्ता को लगता कि रिफ्यूजी दफ्तर में बैठे सैकड़ों रिफ्यूजी एक साथ बोल रहे हैं। पर इनसे कोई क्या कहे- बर्बाद होकर आए हैं, बेघर, बेसरोसामान। सभी मेज पर झुके आते हैं।''[17] सभी शरणार्थी दंगे का अपना कटु अनुभव सुनाने को तत्पर दिखाई देते हैं, लेकिन हम जानते हैं कि इनमें से कोई भी साम्प्रदायिक समस्या के असली हल से सम्बन्ध नहीं रखता। न व्यक्ति की आप्राकमकता और न भीरुता समस्या का हल खोज सकती है; फिर भी पूरे के पूरे समूह की मासिकता इन दोनों के बीच झूलती दिखाई देती है।

'तमस' में साम्प्रदायिकता की समस्या पर विचार करते हुए साम्प्रदायिकता के कुछ ऐसे कारण भी सामने आए हैं, जिन पर सामान्य रूप से ध्यान नहीं दिया जाता। राजनीति और आर्थिक स्वार्थ ऐसे ही दो कारण हैं। आर्थिक कारण को तो भारत में होने वाले साम्प्रदायिक दंगों में आसानी से पहचाना भी जा सकता है। भीष्म साहनी ने 'मेरे साक्षात्कार' में लिखा है- ''साम्प्रदायिकता की समस्या को हमारी आर्थिक व्यवस्था केपरिप्रेक्ष्य में देखना और समझना नितान्त आवश्यक है। यह केवल विचारधारा की या धर्म से जुड़ने की समस्या नहीं है, इसकी जड़ें हमारी आर्थिक व्यवस्था के अन्दर पाई जाती हैं।''[18] यहाँ भीष्म साहनी की मार्क्सवादी दृष्टि दिखाई देती है। इसके अनुसार समाज और संस्कृति का पहिया हमेशा आर्थिक शक्तियों के प्रभाव से घूमता है। इसमें अगर धर्म को भी जोड़ दिया जाए, तो कहा जा सकता है कि उसे भी आर्थिक ताकतें अपने एजेंडे के अनुसार चलने को बाध्य करती हैं। धर्म के नाम पर एक व्यवस्था को चलाने का दावा करनेवाले आर्थिक ताकतों के हाथों में खेलते हैं और उन्हीं के हित को ध्यान में रखकर अपना निर्णय सुनाते हैं। साम्प्रदायिक दंगों में जो दो पक्ष लड़ते हैं, उनमें दोनों पक्षों की आर्थिक शक्तियाँ हमेशा सुरक्षित रहती हैं। लड़ने और लड़ाई का दुष्परिणाम भुगतने की पूरी जिम्मेदारी कमजोर और निर्धन वर्ग की होती है। आर्थिक शक्तियाँ सिर्फ दंगे को हवा देती हैं तथा अपना हित साधती रहती हैं। धर्म से जुड़े तत्त्व इसमें उनकी सहायता करते हैं।

इसकी अभिव्यक्ति उपन्यास के उस प्रसंग से हुई है जहाँ स्वार्थी नेतागण अपने आर्थिक लाभ के लिए मौके का फायदा उठाने से नहीं चूकते। दंगे के बाद लोग-बाग सौदेबाजी में जुट जाते हैं-

-''कौड़ियों के मोल बिक रहा है। साथ मिला लोगे तो मकान खूब कुशादा हो जाएगा।''

''और अगर पाकिस्तान बन गया तो?''

''छोड़ो बादशाह यह सयासतदानों के चोंचले हैं। बन भी गया तो क्या होगा, लोग

तो यहीं पर रहेंगे, कहीं भागे तो नहीं जा रहे...।'' मुंशी नहीं चाहता था कि आज का दिन किसी सौदे से खाली जाए।''[19]

साम्प्रदायिक दंगों के माध्यम से साधे जानेवाले अर्थिक स्वार्थों को समीक्ष्य उपन्यास पूरी तरह प्रत्यक्ष कर देता है। इसके बाद हमारा ध्यान दंगों में मरनेवाले लोगों की आर्थिक पृष्ठभूमि पर जाना स्वाभाविक है। जब समाजार्थिक दृष्टिकोण का विकास हुआ और आर्थिक शोषण को जनवादी दृष्टि से विश्लेषित करने की पद्धति अपनाई जाने लगी, तो यह देखने की आवश्यकता भी अनुभव हुई कि किसी साम्प्रदायिक दंगे में अपनी जान से हाथ धोने वाले लोग निर्धन अधिक थे या धनवान- और हर दंगे में यह निष्कर्ष निकला कि मरने वाले लोग निर्धन ही अधिक थे। संख्या में इस गणित का एक सामाजिक पहलू यह भी है कि दंगे भड़कानेवाली शक्तियाँ प्रायः सुरक्षित स्थानों में रहती हैं और धर्मभीरु निर्धन लोगों की भूख का फायदा उठाती हैं। स्पष्ट है कि अर्थ सम्पन्न शक्तियाँ निर्धन शक्तियों को कठपुतली की भाँति नचाती हैं और दंगे कराकर अपने आर्थिक हित पूरे करती हैं। भीष्म साहनी ने इस स्थिति को प्रभावशाली रूप में चित्रित किया है। देवदत्त मरने वालों के आँकड़ों में अमीर और गरीब की संख्या लेने की सलाह देता हुआ कहता है, ''यह भी एक पहलू है आँकड़े इकट्ठे करने का। दोनों ओर के गरीब कितने मरे। अमीर कितने मरे। इससे भी तुम्हें कई बातों का पता चलेगा।''[20] तथ्यों से प्राप्त सूचना के अनुसार दंगों में मरने वालों की अधिकतम संख्या निम्न वर्ग की होती है। यह भी देखा जाता है कि हिंसक प्रवृत्ति अपने से कमजोर और लाचार को देखकर और भड़कती है। शाहनवाज द्वारा मिल्खी पर और बालक इन्द्र द्वारा इत्रफरोश पर किया जाने वाला आक्रमण इसी हिंसक प्रवृत्ति का उदाहरण है।

समाज में निम्न वर्ग के समान ही साम्प्रदायिक शक्तियों की चपेट में आने वाला वर्ग है, स्त्री वर्ग। स्त्री चाहे वह किसी भी धर्म को माननेवाली हो धर्म के नाम पर अत्याचार और शोषण की शिकार होती ही है। धर्म और संस्कृति के नाम पर कई बार स्त्रियों का दुरुपयोग होते भी देखा जा सकता है। जब कठमुल्ला वेश्याओं को ग्राहक तय करने का भी अधिकार नहीं देते और संप्रदाय की आड़ में स्त्री शोषण का हक केवल अपने को और अपने समुदाय को देता है तो आश्चर्य का ठिकाना नहीं रहता। जब मुल्लाओं द्वारा स्वधर्मावलम्बियों के लिए पाँच अनिवार्य फर्ज निर्धारित किए गए; जिसमें एक फर्ज मुस्लिम वेश्याओं को अपना शरीर हिन्दुओं को नहीं बेचना शामिल है [21], इस सम्बन्ध में विभूति नारायण ने लिखा है, ''इन मुल्लाओं को संस्थागत वेश्यावृत्ति से कोई परहेज नहीं था और ऐसी माँग कभी नहीं की गई कि मुस्लिम वेश्याएँ मुसलमानों को शरीर न बेचें।''[22]

साम्प्रदायिक दंगों के दौरान तो जैसे स्त्रियों के मनचाहे ढंग से शोषण का अधिकार पुरुष पा जाते हैं। भीष्म साहनी ने 'तमस' में साम्प्रदायिक भावना का स्त्री पर पड़ने वाले

प्रभाव के विभिन्न पहलुओं को दर्शाया है। जब बलवाइयों के आने की खबर पाकर स्त्रियाँ झुंड की झुंड कुएँ में कूद पड़ती हैं, तो उनकी मानसिकता को समझना कठिन नहीं है सोचने का विषय है विधर्मी अत्याचारियों की किस तरह की शारीरिक और मानसिक यातनाओं से बचने के लिए स्त्रियों ने कुँए में कूद मरना बेहतर समझा होगा? इस दर्दनाक दृश्य का वर्णन उपन्यास में इन शब्दों में हुआ है, ''जब तुर्क सचमुच गली के बाएँ सिरे से लाशों को रौंदते हुए गुरुद्वारे की ओर बढ़ने लगे तो गुरुद्वारे में एक भी स्त्री नहीं थी, कुएँ के अन्दर से चिल्लाने-चीखने की आवाजें, बच्चों की बिकड़ाट सुनाई देती रही। गाँव के पास जगह-जगह से 'अल्लाह-हो-अकबर' और 'सत सिरी अकाल' के नारों के साथ कुएँ में डूबती औरतों और बच्चों की चीखें मिल गई थीं।''[23] इन स्त्रियों पर जैसे एक उन्माद सा छाया हुआ था, इसलिए वे मिलकर ऐसा कदम उठा सकीं। वहीं दंगे के अवसर का लाभ उठाकर अल्लाहरक्खा ब्राह्मण परिवार में जन्मी प्रकाशो को उठा लाता है। ''जब रिलीफ दफ्तर में प्रकाशो की माँ रो-रोकर उसे याद कर रही थी और उसे अपने पास लौटा लोने का साहस नहीं जुटा पा रही थी, उसी वक्त प्रकाशो, अल्लाहरक्खा के डर के मारे, नया जोड़ा पहने, अल्लाहरक्खा की कोठरी में खाट पर बैठी थी।''[24] वह समय से समझौते को तैयार हो जाती है। दंगे के बाद चबूतरे पर बैठकर लोग बात करते हैं, तो एक बोलता है, ''हिन्दुओं की एक लड़की अपने घर की छत पर चढ़ गई। हमने देख लिया जी। सीधे दस-बारह आदमी उसके पीछे छत पर पहुँच गए। वह छत की मुँडेर लाँघकर दूसरे घर की छत पर जा रही थी जब हमने उसे पकड़ लिया। नबी, लालू, मीरा, मुर्तजा बारी-बारी से सभी ने उसे दबोचा।''[25] इसी हालत में लड़की की मौत हो जाती है। इसी प्रसंग में दूसरा अपना अनुभव बताता हुआ कहता है, ''एक औरत सामने आई तो चिल्लाने लगी। हरामजादी कहे जा रही थी; मुझे मारो नहीं, मुझे तुम सातों अपने पास रख लो, एक-एक करके जो चाहो कर लो। मुझे मारो नहीं।''[26] स्त्री विरोध का यह ऐसा प्रसंग है, जिससे धार्मिक उन्माद और उससे प्रेरित साम्प्रदायिक दंगों का बेशर्म चेहरा बेनकाब हो जाता है। लेखक ने यथार्थवादी दृष्टि का परिचय देते हुए बताया है कि धर्म के नाम पर पी गई अफीम आदमी को इतना संवेदन शून्य बना देती है कि स्त्री उसके लिए किसी दमन तथा शोषण का सबसे आसान पात्र बन जाती है। वह निरुपाय स्त्री को पाकर अपने को शक्ति और पौरुष का अवतार अनुभव करने लगता है। अपनी जान बचाने को विवश स्त्री पर मनमाना अत्याचार करने को वह अपनी वीरता में गिनने लगता है। यहाँ सवाल यह है कि अगर यही स्त्री अत्याचारी के अपने धर्म की होती, तो क्या होता? क्या तब भी उसे जान बचाने के लिए अपने को सात पुरुषों के सामने परोसना पड़ता? या ऐसी स्थिति के लिए किसी दूसरे धर्म को मानने वाले अन्धेपन के शिकार आदमीनुमा दरिंदों की प्रतीक्षा करनी पड़ती? मानना होगा कि भीष्म साहनी हमारा ध्यान इस ओर भी खींचना चाहते हैं।

भीष्म साहनी ने तमस में कुछ ऐसे पात्र भी दिखाए हैं जो इस पूरे धर्मांध माहौल में अपनी तटस्थता को जंग नहीं लगाने देते और समस्या के मूल कारणों को समझकर समाज की सदियों पुरानी समरसता को बनाए रखने की कोशिश करने लगते हैं। उपन्यास में कई घटनाएँ ऐसी हैं, जिनमें आदमी का जिम्मेदारी भरा व्यवहार सामने आता है। यह बात भी सामने आती है कि साम्प्रदायिकता को बढ़ाने के पीछे साम्राज्यवादी शक्तियों के स्वार्थ काम कर रहे हैं। अपने वर्तमान की शब्दावली में कहे, तो राजनीतिक स्वार्थ पूरे करने के लिए कुछ निहित स्वार्थी ताकतें अपना खेल खेल रही हैं। आम जनता इसे समझकर ही इस साम्प्रदायिकता की बीमारी का इलाज कर सकती है। उपन्यास में एक पात्र कहता है कि "हमें यह नहीं भूलना चाहिए कि हम लोगों को मुसलमानों के खिलाफ भड़काया जा रहा है और मुसलमानों को हमारे खिलाफ भड़काया जा रहा है। हम झूठी अफवाहें सुन-सुनकर एक दूसरे के खिलाफ तैश में आ रहे हैं। हमें अपनी तरफ से पूरी कोशिश करनी चाहिए कि गाँव के मुसलमानों के साथ मेल-जोल बनाए रखें और हत्तुलवसा कोशिश करें कि गाँव में फिसाद न हो।"[27] उसका समर्थन करते हुए सोहनसिंह कह उठता है, यह सब अंग्रेजों की शरारत है, पर कोई सुनने को तैयार नहीं होता, सब के सब जैसे एक बहाव में बहते चले जाते हैं। चाहे अनचाहे उन्मादी भीड़ का अंग बने रहने में अपनी भलाई समझते हैं इसी में व्यक्ति निष्क्रिय भी हो जाता है। जब इकबाल सिंह को रमजान और उसके साथी पकड़ लेते हैं तब भी ऐसी ही प्रतिक्रिया देखने को मिली। इकबाल सिंह को "पहचानते ही वह आदमी नूरदीन के पीछे हो गया ताकि इकबाल सिंह से उसकी नजरें नहीं मिल पाएँ, बल्कि इसके बाद वह पीछे-पीछे ही रहा, न कुछ बोला, न पत्थर फेंका, पर साथ ही और लोगों को मना भी नहीं किया। यहाँ पर वह जानता था कि उसके मना करने का कोई असर नहीं होगा।"[28]

'तमस' बीसवीं शताब्दी का एक ऐसा उपन्यास है, जो बेबाकी से साम्प्रदायिक शक्तियों के चेहरे जनता के सामने लाता है। इसमें हमारे समाज को पतन की अन्धी गलियों में धकेलने वाले तमाम अन्तर्विरोधों का ब्योरा भी भौजूद है।

सन्दर्भ

1. धर्म के नाम पर, गीतेश शर्मा, संपादक- कुसुम जैन, प्रथम संस्करण-1994, पृ. 23
2. साम्प्रदायिक दंगे और भारतीय पुलिस, विभूति नारायण राय, पहली आवृति-2004, पृ. 18
3. मेरे साक्षात्कार, भीष्मसाहनी, प्रथम संस्करण-1996, पृ. 92
4. तमस, भीष्म साहनी, पुनर्मुद्रित-1997, पृ. 173
5. साम्प्रदायिक दंगे और भारतीय पुलिस, विभूति नारायण राय, पहली आवृति-2004, पृ. 18
6. तमस, भीष्म साहनी, पुनर्मुद्रित-1997, पृ. 173
7. बी.टी. रणदिवे, साम्प्रदायिकता, उत्तरगाथा, संपादक-सव्यसाची, संयुक्तांक-10-11, जनवरी

अप्रैल-1982

8. तमस, भीष्म साहनी, पुनर्मुद्रित-1997, पृ. 211
9. साम्प्रदायिक दंगे और भारतीय पुलिस, विभूति नारायण राय,पहली आवृति-2004, पृ. 19
10. तमस,भीष्म साहनी, पुनर्मुद्रित-1997, पृ. 131
11. वही, पृ. 126
12. वही, पृ. 172
13. वही, पृ. 171
14. वही, पृ. 196
15. वही, पृ. 206
16. वही, पृ. 210
17. वही, पृ. 234
18. मेरे साक्षात्कार, भीष्म साहनी, प्रथम संस्करण-1996, पृ. 152
19. तमस,भीष्म साहनी, पुनर्मुद्रित-1997, पृ. 250
20. वही, पृ. 240-241
21. बंगाल के दंगों में आर्थिक मुद्दे किस तरह साम्प्रदायिक स्वरूप में इस्तेमाल हो रहे थे,इसे समझने के लिए सिर्फ एक उदाहरण काफी है। मुल्लाओं ने स्वधर्मावलम्बियों के लिए पाँच वक्त की नमाज, हिन्दुओं के दिए भोजन का निषेध तथा पूजा के लिए चंदा न देने जैसे फर्ज तो अनिवार्य किए ही, साथ में मुस्लिम वेश्याओं द्वारा हिन्दुओं को अपना शरीर न सौंपने और मुस्लिम घरेलू नौकरों द्वारा हिन्दू जमींदारों के घर काम न करने जैसी अपेक्षाएँ भी रखीं। साम्प्रदायिक दंगे और भारतीय पुलिस, विभूति नारायण राय,पहली आवृति-2004, पृ. 51
22. वही, पृ. 51
23. तमस, भीष्म साहनी, पुनर्मुद्रित, पृ. 218
24. वही, पृ. 245
25. वही, पृ. 214-215
26. वही, पृ. 279
27. वही, पृ. 179
28. वही, पृ. 206

सवालों के घेरे में : सारंग

भारत में स्त्री की विचित्र नियति है। तथाकथित शास्त्रानुमोदित रूप में वह देवी है, पूज्या है, वन्दनीया है, तो समाजानुमोदित रूप में हाड़-मांस की ऐसी रचना है, जो जीवित होने के बाद भी न जीवन्त है, न स्वाधीन। शास्त्र पर आधारित धारणाएँ भी स्त्री के लिए आपस में बहुत उलझी हुई हैं। पता ही नहीं चलता कि उसके देवी होने की सीमा कहाँ से शुरू होती है और कहाँ उसके देवी रूप को परम्परागत सामाजिक दृष्टिकोण किरच-किरच तोड़ना शुरू कर देता है और उसे सामान्य मानवी भी नहीं रहने देता। विडम्बना तो यह है कि देवी और पूजनीया के रूप में भी वह ऐसी विशेषताओं से गढ़ी जाती है, जो सिर्फ पत्थरों में सम्भव हैं। उसका बोलना भी वर्जित है और इधर-उधर हरकत करना भी। वह हाथ उठाए आशीर्वाद दे सकती है, लेकिन निहित स्वार्थी वेदज्ञ और देवज्ञ अपने अनुसार भाषा रचकर उसके मुँह में स्थापित कर देते हैं और आवश्यकता हो तो उसके बहुत सारे हाथ लगा देते हैं और हर हाथ में वे चीजें सुशोभित कर देते हैं, जो समय आने पर केवल उन्हीं के काम आ सकती हैं। इनमें कहीं भी न देवी की इच्छा है न निर्णय। जहाँ वह देवी के इतर गढ़ी जाती है, वहाँ उसमें मात्र गतानुगतिकता है, ब्राह्मण संस्कृति द्वारा निर्मित पुरुष वर्चस्व का मौन समर्थन तथा अनुपालन है और चुपचाप एक ऐसे रास्ते पर चलते चले जाने की विवशता है, जो हर तरह अन्धी सुरंग की ओर बढ़ता है। इस कारण समाज में स्त्री की स्थिति हमेशा दयनीय ही रही है। किसी न किसी की छत्र-छाया में रहना उसकी नियति है। बचपन से ही इस स्थिति में रहने की आदी होने के कारण जब कभी उसके साथ अन्याय होता है तो उसकी अपेक्षा रहती है कि इसका प्रतिकार वे लोग करें, जिनके संरक्षण में स्त्री रहती है। ऐसा न होने पर स्त्री व्याकुल हो उठती है। संस्कारशीलता, सहिष्णुता और शालीनता ही स्त्री होने की पहचान बना दी गई है। इन सीमाओं ने उसे हमेशा से असहाय, संकुचित और विवश बनाया है।

परिस्थिति में धीरे-धीरे आ रहे बदलाव के कारण स्त्री के अन्तर्मन ने पहले इन संस्कारों को अस्वीकारा फिर अपने को इन बन्धनों से मुक्त करना आरम्भ किया। इसके साथ पुरुष प्रधान समाज के आतंक से भी स्त्री का धीरे-धीरे मुक्त होना दिखाई देने लगा।

अपनी विभिन्न भूमिकाओं का निर्वाह करते हुए उसके भीतर अपने को व्यक्ति के रूप में देखने की इच्छा प्रबलता से जगी है। उसे समझ में आने लगा कि उसके जीवन में पति, बच्चों और परिवार से मिलनेवाले प्रेम, सुरक्षा और माधुर्य के साथ उसकी अपनी ऐसी स्वाधीन भूमिका भी हो सकती है, जो उसे आत्मनिर्णय का अधिकार देती है। इस स्वातंत्र्य-बोध ने उसके अन्दर संघर्ष की चिंगारी जगा दी।

यह चिंगारी कितनी आग भड़काऊ थी, इसका निर्णय सामान्य रूप से और हल्के-फुल्के ढंग से नहीं किया जा सकता। ऐसा करने का अर्थ होगा यह मान लेना कि स्त्री पहले से ही विद्रोह के लिए तैयार बैठी थी और उसके सामने कोई बड़ी बाधा नहीं थी। भारतीय समाज का यथार्थ यह बताता है कि उसने स्त्री को और उसके भीतर की आग को न केवल दबाने, बल्कि पूरी तरह बुझाने की निरन्तर चेष्टा की है। जब विचार और भावना से वह उसे नहीं दबा पाया, तो उसने परम्पराओं और व्यवस्थाओं के सहारे उसको दैहिक दृष्टि से पराजयबोध का शिकार बनाया। यही कारण है कि जो स्त्री पहले दबे-छुपे नैतिक दैहिकता की सीमाएँ तोड़ती थी और कुंठाओं का शिकार होती थी, वह स्वतन्त्रता बोध के जगने पर दैहिक नैतिकता से मुक्त होने के लिए छटपटाई। आज यह कहना बहुत अस्वाभाविक नहीं लगता कि सामाजिक, सांस्कृतिक और ऐतिहासिक परिस्थिति के चलते स्त्री की मुक्ति की कामना पहले पहल दैहिक मूल्यों से जुड़कर विकसित हुई। यह मूलतः पश्चिम में उठे आन्दोलन 'वीमन्स लिब मूवमेन्ट' का प्रभाव माना जाता है, जिसमें स्त्री की दैहिक स्वाधीनता की माँग प्रमुखता से की गई थी। इसमें कोई दो राय नहीं कि भारतीय समाज स्त्री पर दैहिक बन्धन लादने में विश्व के किसी भी समाज से पीछे नहीं रहा। यौन शुचिता के नाम पर भारतीय स्त्रियों को अमानवी तक मान लिया गया। एक समय था, जब स्त्री-पुरुष निर्द्वन्द्व भाव से रहते थे और स्वामी-सेवक अथवा मालिक और सम्पत्ति जैसी धारणाएँ नहीं थीं। जैसे-जैसे स्वामित्व तथा मालिकाना हक अस्तित्त्व में आया, वैसे ही पुरुष ने स्त्री को भी अपने मालिकाने में शामिल कर लिया। अब क्योंकि सम्पत्ति का बँटवारा होने लगा था, इसलिए समाज में व्यक्तिगत सम्पत्ति की बढ़ोतरी और बढ़ी हुई सम्पत्ति की रक्षा की आदत ने जन्म लिया। इसी बीच उत्पन्न संतान को पालने और उसे कृषि कार्य में लगाने की समस्या उत्पन्न हुई। इसके लिए पारिवारिक और सामाजिक नियंत्रण आवश्यक समझा गया। यहाँ फिर स्त्री के व्यक्तित्व पर ही कुल्हाड़ा चला। पुरुष ने उसे केवल अपने लिए संरक्षित कर लिया तथा यह विचार बना लिया कि वही उसकी देह का स्वामी है। परिवार या समाज द्वारा थोप दिए गए एक पुरुष के अलावा किसी अन्य से उसका दैहिक सम्पर्क वर्जित मान लिया गया। इसके लिए भारतीय समाज ने एक ऐसा धार्मिक ढाँचा भी खड़ा किया, जो देह के स्वामित्व के मामले में केवल स्त्री के विषय में निर्णय देता था। परिणाम यह हुआ कि सामन्तों और राजा-महाराजाओं के

यहाँ असूयपश्या स्त्री सर्वश्रेष्ठ मानी जाने लगी। यह उसके अमानवी होने की शुरुआत थी, इसलिए भारतीय स्त्रियों में स्वाधीन चेतना का विकास हुआ, तो सबसे पहले तथाकथित देह की नैतिकता पर ही आक्रमण किया गया। यह भी माना जाने लगा कि प्रेम की स्वतन्त्रता स्त्री स्वातंत्र्य का महत्त्वपूर्ण हिस्सा है। प्रेम करने को अपराध या पाप मानकर स्त्री को जीने के अधिकार से वंचित करना किसी भी समाज के प्रगतिशील भविष्य का द्योतक नहीं माना जा सकता। अब यह मानना होगा कि स्त्री की स्वाधीनता का अधिकार एक तथ्य भर नहीं है, बल्कि आधुनिक समाज को समाज होने की परिस्थितियाँ प्रदान करनेवाले अनिवार्य कारकों में से एक है।

इस प्रकार के स्वातंत्र्य की माँग का महत्त्व सुख-सुविधापूर्ण शहरों में रहनेवाली आधुनिक विचारों से सम्पन्न स्त्रियाँ ही नहीं, गाँव की स्त्रियाँ भी समझने लगी हैं। मैत्रेयी पुष्पा के उपन्यास, 'चाक' की सारंग गाँव में रहनेवाली स्त्रियों की प्रतिनिधि है, जो बदलते परिवेश के साथ प्रश्नाकुलता से भर गई है। रेशम की मौत के बाद गाँव की जो स्थिति बनी, उससे सारंग विवशता और लाचारी से भर जाती है। उसकी अपेक्षाएँ रंजीत से जुड़ी हैं, लेकिन जब वे अपेक्षाएँ पूरी नहीं होतीं, तो वह लाचार हो जाती है। श्रीधर के कारण चंदन के लौटने की संभावना देख चट्टा चौथ के दिन उसे पूजती है और उसी दिन से उसमें श्रीधर के प्रति आकर्षण पैदा हो जाता है। जिस भावात्मक संबल की जरूरत सारंग को थी, वह उसे श्रीधर से मिलने लगता है। रंजीत के उपेक्षापूर्ण व्यवहार और सारंग की इच्छाओं और अपेक्षाओं के प्रति उसकी लापरवाही के कारण सारंग और रंजीत के बीच एक अनाम दूरी पनपने लगती है। इसके प्रभाव में सारंग श्रीधर से उन आकांक्षाओं की पूर्ति की आशा करने लगती है, जिनकी पूर्ति की वास्तविक जिम्मेदारी रंजीत की थी, लेकिन वह असफल रहा। यहाँ लेखिका ने श्रीधर के रूप में एक ऐसे चरित्र का गठन किया है, जो एक साथ स्त्री के अधूरेपन का समाधान भी प्रस्तुत करता है और उसके संघर्ष को बढ़ाता भी है। रंजीत जिस रूप में उपन्यास में आता है, वह सामन्ती संस्कारों और रूढ़ि प्रधान ग्राम्य पुरुष का कठोर अंश है। वह तमाम परिस्थितियों के बावजूद चाहते-न-चाहते अपने अहम के वशीभूत सारंग को अभाव की अन्धी सुरंग में ढकेलता चला जाता है। वह एक घातक अधूरापन और नकारात्मकता उत्पन्न करनेवाले व्यक्ति के रूप में बदल जाता है। नकारात्मकता भी ऐसी जिसे वह कभी अपनी कमी के रूप में स्वीकार नहीं करता, बल्कि उसे मर्यादा, अनुशासन और अधिकतर स्त्री की कसौटी के रूप में मानता है। इसी के उत्तर में संभवत: मैत्रेयी पुष्पा ने श्रीधर की सृष्टि की होगी। उपन्यास के घटना-क्रम में श्रीधर से प्राप्त भावनात्मक आश्रय के कारण सारंग अपने अन्दर एक शक्ति का अनुभव करती है, जिसके सहारे वह सारी विपत्ति, सारे लाँछन सहने को तैयार हो जाती है। यही कारण है कि अपने चुने मार्ग पर आगे बढ़ने से पति रंजीत

का अंकुश भी उसे रोक नहीं पाता।

अब प्रश्न उठता है, कि अगर सारंग की अपेक्षाएँ पूरी हो गई होतीं, उसे रंजीत से ही भावात्मक संबल मिला होता, रंजीत ने उसके अन्तर्मन को समझा होता तो क्या होता? सवाल यह भी है कि यदि श्रीधर के कारण चन्दन गाँव वापस न आया होता, श्रीधर ने उससे नाटक के संवाद लिखवाकर उसके भीतर सोई हुई प्रतिभा को न जगाया होता या फिर रंजीत के कारण श्रीधर घायल न हुआ होता तो भी क्या सारंग समाज-निर्मित सारी मर्यादाओं की सीमा लाँघ जाती? तब भी क्या सारंग वही सब करती, जो उसने इस उपन्यास में किया? सारंग यदि पुराने और काफी कुछ हमारे आज के समाज की भी बनाई हुई सारी हदें तोड़ डालती है, तो इसकी वास्तविक जिम्मेदारी किस पर है? सबसे पहले हमें यह मानना होगा कि स्त्री के रूप में सारंग के पास हृदय, बुद्धि, भाव, विचार, प्रतिक्रिया करने की शक्ति, सही-गलत की समझ, सामाजिक-पारिवारिक और वैयक्तिक दबाओं के रहस्य को जानने की शक्ति तथा इन सबके पीछे एक शरीर है, इसलिए उसके आस-पास या खुद उसके साथ किसी भी रूप में जो कुछ घटता है, वह उसे आँख मूँदकर स्वीकार नहीं कर सकती। जब हम यह मानते हैं कि स्त्रियाँ ऐसा करती चली आ रही हैं तो भी हमारे सामने यह सोचने की बड़ी चुनौती होगी कि वे वास्तव में ऐसा करती चली आ रही हैं या उन्हें तरह-तरह से दमित और दलित बनाकर शताब्दियों से ऐसा करने को मजबूर किया जा रहा है। इतिहास में ऐसे कम अवसर नहीं हैं, जब स्त्री ने आत्मनिर्णय को महत्त्व दिया है और पुरुष प्रधान तथा धर्म व समाज की रूढ़ियों द्वारा परिचालित व्यवस्था को चुनौती दी है। ऐसा करते समय उसने प्रचलित सीमाएँ तोड़ी हैं। और अपने अनुसार जीने की नई-नई सम्भावनाएँ तलाशी हैं। यहाँ यह साफ करना होगा कि इस तलाश को स्त्री द्वारा बनाई गई निश्चित राह नहीं माना जा सकता। जब उसे आज तक परीक्षण का अवसर ही नहीं मिला, तो उसकी यात्रा को किसी अन्तिम निष्कर्ष पर पहुँचा हुआ मानना सही दृष्टिबोध का परिचायक नहीं है। सारंग के चरित्र की परीक्षा और उसका मूल्यांकन इस परिप्रेक्ष्य में भी किया जाना चाहिए। ऐसी व्यवस्था के भीतर झाँकना भी जरूरी है। खुद सारंग के भीतर जो एक स्त्री व्यक्ति के रूप में सम्पूर्णता के साथ मौजूद है, उसके यथार्थ को पहचानना भी जरूरी है। एक स्त्री की क्रिया-प्रतिक्रिया के मनोवैज्ञानिक पहलुओं को समझे बिना सारंग को समझना सम्भव नहीं है। जिन परिस्थितियों से सारंग गुजरती है, डूबती-उतराती है, विवश और व्याकुल होती है, उन सबकी परीक्षा किए बिना सारंग तथा उसके बहाने स्त्री की वास्तविक सच्चाई तक नहीं पहुँचा जा सकता।

मैत्रेयी पुष्पा बताती है कि रूढ़ि प्रधान समाज की मान्यताओं के विरूद्ध रेशम विधवा होने के बावजूद गर्भवती हो जाती है और घबराकर चुप होने या छिपने के बजाय इसका सरे-आम ऐलान भी करती है। इसे सुनकर उसकी सास हुकुम कौर कभी डरा-धमकाकर,

कभी प्रेम से लोक-लाज का खयाल करने की दुहाई देकर रेशम पर बच्चा गिराने या फिर जेठ डोरिया से शादी करने के लिए जोर डालती है। रेशम कुछ भी सुनने के लिए तैयार नहीं होती, बल्कि सास के बार-बार मनाने पर एकाएक झुंझला पड़ती है, ''मइयो! तुम मेरे पीछे क्यों पड़ गई हो! मेरे चाल चलन की झंडी फहराना जरूरी है? बिरथा ही छान-बीन करने में लगी हो। आज को तुम्हारा बेटा मेरी जगह होता तो पूछती कि किसके संग सोया था? अब उसकी बाँह गह ले। मेरे मरे पीछे तेरहीं तक का भी सबर न करता और ले आता दूसरी। तुम खुश हो रही होतीं कि पूत की उजड़ी जिन्दगी बस गई। पर मेरा फजीता करने पर तुली हो।'' यहाँ रेशम की प्रतिक्रिया थोड़ी अतिवादी है, किन्तु असंभव नहीं। अकसर यह देखा ही जाता है कि जब किसी की पत्नी की मृत्यु हो जाती है तो वह लम्बे समय तक न उसकी याद में डूबा रहता है और न किसी दूसरी स्त्री की ओर आकर्षित होने से बाज आता है। थोड़ा समय गुजरने पर कसमें-वादे धुँधले पड़ने लगते हैं और समय के बहाने या फिर कई बार अगर एकाध बच्चा हुआ तो उसकी देखभाल के बहाने दूसरे विवाह की तैयारियाँ होने लगती हैं। इसमें परिवार की बड़ी-बूढ़ियाँ बड़ी सहायक सिद्ध होती हैं। सम्भव है रेशम के गाँव में अन्य गाँव की तरह ही ऐसी घटनाएँ घटी हों और उन्हीं की प्रतिक्रिया में उसने अपनी सास का दुस्साहसपूर्ण सामना किया हो। प्रश्न उठता है कि व्यक्ति रूप में स्त्री और व्यक्ति रूप में पुरुष के प्रति ऐसा भेदभावपूर्ण व्यवहार क्यों? रेशम के कदम समाज की प्रचलित व्यवस्था के विरुद्ध है; पर सवाल है कि समाज व्यवस्था भी स्त्री की ही पहरेदारी क्यों करती है? स्त्री-पुरुष दोनों के लिए एक सी व्यवस्था क्यों नहीं? सवाल चाहे जितने सटीक हों, पर हमारे समाज की सच्चाई यही है कि स्त्री द्वारा उठाए गए व्यवस्था विरोधी कदम किसी भी रूप में स्वीकार्य नहीं हैं। ऐसा करने पर स्त्री या तो लाँछित होती है या फिर रेशम की तरह मौत के घाट उतार दी जाती है। उत्तर प्रदेश के मुजंफ्फरनगर, मथुरा तथा हरियाणा के अनेक गाँवों में घटनेवाली इस प्रकार की घटनाएँ किसी से छिपी नहीं हैं। ऐसा पंजाब में भी हुआ है। मनुष्य की अवमानना, प्रेम की बेइज्जती और जीवन की उपेक्षा की हालत यह है कि कोई परिवार युवक-युवती की हत्या करने का जघन्य कार्य करता है तो भरी पंचायत में सीना तानकर अपने को सही भी सिद्ध करता है और पंचायत उसका कुछ नहीं बिगाड़ पाती। अनेक बार खुद पंचायतें हत्या का जघन्य निर्णय करती हैं। यह कभी खाप के नाम पर होता है, कभी गाँव के नाम पर और कभी खानदान के नाम पर। इस बात का संकेत करना अनावश्यक न होगा कि वर्तमान में प्रेम करने वालों पर भी ऐसी घटनाओं की घातक प्रतिक्रिया होने लगी है। कई बार तो वे हिंसा का ऐसा रास्ता अख्तियार करने लगे हैं,जो किसी भी दृष्टि से उचित नहीं कहा जा सकता। लखनऊ में एक लड़की द्वारा अपने ही परिवार के सात सदस्यों की हत्या ऐसी ही एक घटना है। यहाँ यह कहना आवश्यक है कि इन दोनों प्रकार की घटनाओं के

सामाजिक-सांस्कृतिक और व्यक्तिगत कारणों की खोज गहराई से की जानी चाहिए। खासकर लेखकों और समाजशास्त्रियों द्वारा इस ओर ध्यान दिया जाना चाहिए।

रेशम की मौत से सारंग विचलित हो उठती है। उठते-बैठते, सोते-जागते वह रेशम के साथ हुए अन्याय को याद करती है। वह अत्याचारी को सजा दिलाना चाहती है। पर यह इतना आसान नहीं है। बेचैनी के साथ वह विचारों में डूबी रहती है। सोचती है, ''मेरी बहन की मौत नहीं, उसका अपमान हुआ है। मेरी अवज्ञा हुई है। क्या हम डोरिया से भी गए बीते हैं? रेशम की जन्म-जन्मान्तरों की जीने की इच्छा को अपना मनचीता न करने के कारण कुचल डाला। सो किसलिए? उसने निडरता बरती इसलिए? या अपने ऊपर भरोसा कर बैठी इसलिए? कि उसके मन में प्रेम का भरा-पूरा रूख पनप आया था इसलिए? कोई मुझे बताए कौन सा ऐसा कसूर कर दिया था कि...और मौत की सजा पर गाँव गहरी नींद सोता रहा। ऐसा तो नहीं था कि उस समय एक कुत्ता भी न निकला हो वहाँ से, पर सब चुप लगा गए! गवाही के नाम पर सन्नाटा!'' यहाँ, जिसकी लाठी उसकी भैंस वाली कहावत याद आती है। तमाम उन्नति और शिक्षा के बावजूद बलवान लोग गाँवों और नगरों में स्त्रियों को तरह-तरह से सताने में सफल हो ही जाते हैं। उनके लिए बात न माननेवाली स्त्रियों की हत्या करना भी कोई बड़ा काम नहीं होता। ऐसे लोगों के विरुद्ध पिछड़े हुए प्रांतों में आज भी कोई अपनी जबान नहीं खोलता। सोचने का विषय है कि स्त्री तमाम चीख-चिल्लाहट के बावजूद आज भी पिता, पति और पुत्र के संरक्षण की मोहताज बनाए जाने की षड्यन्त्रपूर्ण चुनौतियों से जूझने को ही विवश है। मैत्रेयी पुष्पा के मन में सारंग के चरित्र का गठन करते हुए इस स्थिति की प्रतिक्रिया अवश्य रही होगी। सारंग भी अपनी इच्छाओं को पति रंजीत के संरक्षण और सहयोग से पूरा करना चाहती है। उसकी हालत देख रंजीत अपने हवलदार भाई की सहायता से डोरिया को हवालात पहुँचाता है, पर वह झूठे गवाहों की मदद से छूट जाता है। रंजीत परास्त महसूस करता है। हालात से हैरान-परेशान होकर फौजी रहे बाबा साधजी के परिवार वालों को सजा दिलाना चाहते हैं, इसलिए हाईकोर्ट में अपील करने का मन बनाते हैं। ऐसी स्थिति में रंजीत, जो अपने गाँव को आदर्श गाँव बनाने के लिए तत्पर रहता था, गाँव छोड़ने तक का विचार करने लगता है। पर धीरे-धीरे फत्ते प्रधान के प्रभाव में आने के कारण वह आपसी रंजिश को भुलाना बेहतर समझने लगता है, इसलिए सारंग को अपने पास बैठाकर समझाता है, ''भयानक सपने देखना छोड़ दो। आग को फूँक मारकर...रंजिश को रबड़ की तरह तानने में पिछली बातें नहीं सुधरनी। सिर झुकाए खड़ी है सारंग। मौन और बेहरकत। गजब तो देखो, आगे आकर लड़ने की जब जरूरत है, रंजीत अत्याचार झेलने पर उतारू हैं। क्या उनका क्रोध दूध का उफान भर था? या मेरी उम्मीदों पर पाला गिराना जरूरी समझ रहे हैं? सोच रहे हैं कि सारंग बेवकूफ...जैसा कि बार-बार कहते

हैं।'' यह सारंग की मानसिकता पर एक गम्भीर मनोवैज्ञानिक हमला है, जो उसे तोड़ने की कोशिश करता है, लेकिन लेखिका उसे बचाने का निर्णय करती है। एक आहत स्त्री का मानस जब टूटता है तो ऊपर से गिरे काँच की तरह बिखर जाता है। सामान्य स्थिति में काँच की किरचों को जोड़ना सम्भव नहीं होता, लेकिन जब कोई मैत्रेयी पुष्पा जैसी लेखिका कलम हाथ में उठाती है, तो उन किरचों को जोड़ती है। आखिर उसके सामने स्त्री संघर्ष की महागाथा भी है और इस संघर्ष के भविष्य की दिशा भी। ''एक मौत के बदले सारे गाँव में आग लगवा देगी तू तू तू! फाँसी-सूली की हकदार तू है कि और कोई? अपने भीतर से उठते ये नोकदार भाले छेद रहे हैं लगातार...खाली बोरी में कटोरे से जल्दी-जल्दी गेहूँ भरती हुई पछता रही है- मेरे चंदन, माफ कर देना मुझे। नन्हे, तू दाँव पर लग गया। तू तो इस जंग का अता-पता भी नहीं जानता होगा। दुश्मनों ने तुझे हमारी कमजोरी समझकर पकड़ लिया रे...तुझे गाँव छोड़ना पड़ेगा, क्योंकि तेरा प्रथम संसार छोड़ गया। बैरियों ने बछड़े को मारकर हमको मिसाल दी है। सोच रहे होंगे कि बच्चे के लिए सबसे ज्यादा डरता है आदमी। मैं कमजोर पड़ती जा रही हूँ, बहुत कमजोर...'' चंदन को आगरा भेजने के अलावा कोई चारा नहीं बचता। सारंग के लिए चंदन का वियोग सहना आसान नहीं है। वह किसी तरह भयमुक्त होकर गाँव में ही चंदन को रखना चाहती है। संयोग ऐसा बनता है कि सारंग के गाँव, अतरपुर में श्रीधर मास्टर बनकर आता है। उसके आते ही सारंग को आशा बँधने लगती है, इसलिए लोक-लिहाज छोड़कर, समाज की मर्यादाओं को त्याग कर मास्टर के पाँव छू लेती है। यही घटना हंगामे का कारण बन जाती है, परन्तु वह अपने किए को उचित-अनुचित की कसौटी पर परखने की कोशिश करती है। उसे इतनी सांत्वना है कि उसका बच्चा उससे दूर नहीं,उसके पास आ सकेगा। इसलिए अपने किए को मन ही मन सही ठहराती है, ''लेकिन क्या हो गया ऐसा? इतनी छोटी सी बात पर डरने लगी? अपने मन से जो कुछ किया उसका फैसला करनेवाला कोई दूसरा कौन होता है? मेरे जीवन में यह घड़ी बहुत ज्यादा आनन्द की थी, उसके लिए डरना क्यों? कितने दिन से वीरान-उजाड़ में भटक रही हूँ। यह कौन आया कि दो बून्द आनन्द की दे गया। मेरे मन का दुःख कौन समझ सकता है? मैं श्रीधर के पाँव रोज भी पूजूँ तब भी मेरा डर नहीं छूटेगा। क्योंकि सांत्वना और सहानुभूति देने वाला कोई भी नहीं...जूझने को मैं अकेली, डराने को इतने लोग! भगवान, आज का दिन ही मेरे घावों का मरहम बन जाए। इस मास्टर ने बच्चों को इशारा दिया था या मुझे? मेरा मन फिर रूई सा हल्का क्यों हो गया?'' सारंग का मन इसलिए हल्का हो गया, कि वह परिस्थितियों का सामना करते-करते और मर्यादाओं की निस्सारता को समझते-समझते मात्र एक स्त्री रह गई है। अब उसके सामने उसके ही भीतर की स्त्री है और अकुण्ठ होकर सम्पन्न होनेवाली उसकी अभिव्यक्ति है। इस अनुभव के साथ सारंग को श्रीधर से सहारा मिलने लगता है।

जहाँ वह रंजीत की तरफ से उपेक्षा पाती है,वहीं श्रीधर से पूरी तरह सहयोग की आशा करने लगती है। ऐसा नहीं है कि श्रीधर भी सारंग की स्थिति से अवगत न हो,वह जानता है इसलिए उसके बारे में सोचता है, ''सारंग पुरानी रीतियों, कुरीतियों, रूढ़ियों से लड़ती तो शायद इतना टकराव न होता, उसका रास्ता दूसरा है, जो बेहद टेढ़ा और शूलों भरा है। क्योंकि वह पति से लड़ना चाहती है। कई बार मन में आता है,समझाया जाए, उसे कि देखो, परम्पराओं में रहकर, रीतियों को मानकर तुम सुखी और सुरक्षित रहोगी। तुम ऐसी सत्ता से लड़ना चाहती हो, जिससे अब तक तो कोई जीता नहीं। रंजीत का विरोध करके खुद ही चूर-चूर हो जाओगी।'' यह पति-पुरुष की सत्ता के आतंक का उदाहरण है। चिन्ता का विषय तो यह है कि श्रीधर छोटे स्तर पर ही सही भारतीय बौद्धिक वर्ग से जुड़ा है। कहीं न कहीं उसके सामने सड़ी-गली सत्ता को चुनौती देने की जिम्मेदारी है, लेकिन होता यह है कि क्षण भर में ही पति-पुरुष की सदियों से चली आई सत्ता का पक्षधर प्रतीत होने लगता है। यहाँ यह माना जाना चाहिए कि यदि वह सारंग को चूर-चूर होते देखने को अभिशप्त भी हो जाता तो उसे ऐसी जड़ सोच का शिकार नहीं होना चाहिए था। सारंग मात्र सारंग नहीं है, वह स्त्री संघर्ष की प्रतीक स्त्री है। इस संघर्ष में एक नहीं अनेक सारंग जरूरी हैं, जो टकराएँ, टूटें, बिखरें और अपने स्वाभिमान के बल पर फिर से खड़ी हो जाएँ। श्रीधरों को इन सारंगों का साथ देना होगा। मैत्रेयी पुष्पा ने अपने श्रीधर में यह भावना दिखाई है। सारंग स्वयं भी हैरान है कि श्रीधर में ऐसा क्या है, जिसके कारण वह उसके दिलो-दिमाग पर छाया रहता है। उसकी खुशी श्रीधर से जुड़ गई है। सारंग लगातार द्वन्द्व से गुजरती है, पर अन्याय-अत्याचार के आगे झुकती नहीं है। उसका साहस देख डोरिया का तिलमिलाना और प्रतिक्रिया स्वरूप सारंग पर किया गया आक्रमण मात्र काम-वासना का विस्फोट नहीं था, बल्कि उसके साहस को कुचलने की बड़ी कोशिश थी। उसमें अपना प्रभाव जमाने के साथ बदले की भावना मिली हुई थी। वह सारंग के भीतर एक डर बैठा देना चाहता था। इन परिस्थितियों का सामना सारंग अकेली डटकर करती है। पति का उसे भरपूर साथ नहीं मिलता,पर वहाँ श्रीधर है, जिसके साथ उसका आत्मिक सम्बन्ध प्रगाढ़ होता जा रहा है। उसे भुलाने की भरसक कोशिश करके भी वह उसे नहीं भुला पाती। उसके इस रवैये से रंजीत और उसके बीच एक दूरी आ जाती है। दूसरी तरफ प्रधान के बहकावे में आकर कुछ लोगों से मिलकर जब रंजीत श्रीधर को पीट देता है, तो सारंग श्रीधर की जिम्मेदारी उठाती है। चार दिन इलाज में लगाकर गाँव लौटती है और उसी रात श्रीधर के साथ स्वेच्छा से सम्बन्ध बनाने के बाद अपनी अस्मिता, अपनी देह से जुड़े सवाल उसके मन में उठने लगते हैं, इसीलिए कहती है, ''गाँव की औरतों के हिसाब से तो मैंने अपना धर्म भ्रष्ट कर डाला श्रीधर। श्रीधर ने हाँ-हूँ कुछ भी न की। सारंग चुपचाप सेवा कर रही है? मेरा मन जिद्दी है श्रीधर। कहता है, जिस मर्द के साथ तेरे पिता ने विदा

कर दिया, उस मालिक से वापस माँग ले अपनी देह। जीती-जागती पाँच इन्द्रियों के संग तो जानवर बेचे जाते हैं। उन्हीं का रस्सा पकड़ाया जाता है दूसरे के संग।'' सारंग एक मनुष्य है। किसी की सम्पत्ति नहीं। न पति की, न पुत्र की। स्त्री के आधुनिक संघर्ष में उसे आत्मनिर्णय का पूरा अधिकार है। यदि कोई उस पर भ्रष्ट होने का आरोप लगाए तो लगाए।

रंजीत द्वारा उसकी भावनाओं-इच्छाओं की कद्र न करने और परिस्थिति की मार से जूझती अकेली सारंग के लिए स्वेच्छा से श्रीधर के साथ बिताए हुए वे पल आनन्द देनेवाले साबित होते हैं। उन पलों को लेकर उसके मन में न कहीं पछतावा है, न दुःख, न मलाल न कहीं पाप बोध ही है, लेकिन वह खुद भी समझ नहीं पाती कि ऐसा क्यों हुआ। वह दूसरों को कैसे, क्या समझाए, तभी तो सोचती है, ''मुझे ये लोग क्या समझ पाएँगी...मैं ही नहीं जान पा रही, कि जो कुछ उसके साथ हुआ, वह उसकी भरपाई थी या मेरी अपनी अधूरी पूरी इच्छा? दबी-घुटी लालसा या वर्जित फल को चखने-जाँचने की जिद? मेरा फैसला था कहीं। आजाद होकर सोच रही थी, अपने बारे में। मास्टर ने तो यह भी सोचा होगा, कि सारंग ने बाँध लिया अब मुझे। चंदन के कारण श्रीधर को बाँधना चाहती रही हूँ मैं? या अकेली ही चलकर ताकत इकट्ठा करती रही हूँ? देखना चाहती हूँ कि कहाँ-कहाँ से गुजर जाऊँगी? मालूम नहीं श्रीधर के संग एक हो जाने का कौन सा कारण था? कलावती चाची...तुम्हारा अक्स रह गया मेरे भीतर? तुम्हारे बोलों ने खींच लिया इस राह पर-लुच्ची; ऐसे क्या देख रही है तू? हम जाटिनी जेब में बिछिया धरे रहते हैं, मन आया ता के पहर लिए। चाची, तुमने केलासी सिंह को जो संजीवनी चटा दी थी, वही मैं देना चाह रही थी श्रीधर को, और सोच रही थी- श्रीधर अगर तुम्हारी आँखें इस देह को देखकर आनन्द पाती हैं, तो जी भरकर देखो मुझे। मेरा देह धरना सुकारथ हो गया।''[8] सारंग की यह इच्छा मूलत: रंजीत से रही होगी। वह चाहती होगी, कि रंजीत किसी तानाशाह या स्वयं नियुक्त न्यायाधीश की सीमाओं से बाहर निकलकर जीवन सहचर के रूप में व्यवहार करे। उसकी यह इच्छा धीरे-धीरे निष्फल होती जाती है और प्रतिक्रिया में वह अपने को खोजने निकल पड़ती है।

यह एक सारंग है, अर्थात एक स्त्री है, जो अपने व्यक्तित्व की और अपनी खोज में यौन नैतिकता की नई परिभाषा लिखती है और उसके पक्ष में खड़ी होती है। यह स्त्री अपने स्त्री होने को इस कदर महत्त्व देती है कि इसके सामने सारी पुरुषवादी धारणाएँ पानी भरने लगती हैं। इस स्त्री ने अपने पक्ष में जिन तर्कों का प्रयोग किया है, वे किसी प्रयोगशाला में ढले हुए नहीं हैं, बल्कि साधारण जीवन से प्राप्त किए गए हैं। परन्तु सोचने का विषय यह भी है कि क्या वर्तमान में स्त्री का सच इतना सा ही है? क्या सम्बन्धों की यात्रा के साथ अपनी तलाश करते हुए वह वहाँ आ पहुँची है, जहाँ से उसकी मुक्ति और स्वाधीनता

के रास्ते शुरू होते हैं? क्या वह अपनी बनाई किसी ठोस जमीन पर अधिकार के साथ खड़ी हो चुकी है? इन सवालों के जवाब खोजने इसलिए जरूरी हैं कि सारंग की व्याख्या उनके बिना नहीं हो सकती। हालाँकि वैधानिक रूप से आज स्त्री को पुरुष के ही समान सारे अधिकार प्राप्त हैं, परन्तु आज भी स्त्री अपने परम्परागत रूप से पूर्णतः मुक्त नहीं हो पाई है। पुरुष वर्ग अपनी परम्परागत भूमिका पर काबिज है और वहाँ से हटना उसके लिए आसान नहीं है, क्योंकि पुरुषों को संचालित करनेवाली उनकी मानसिकता में नगण्य परिवर्तन ही हुए हैं। इसलिए स्त्री के प्रति परम्परागत दृष्टि की कठोरता बनी हुई है। रंजीत जैसे पढ़े-लिखे व्यक्ति का व्यवहार यही स्पष्ट करता है। चंदन के घर लौट आने पर सारंग रंजीत का व्यवहार देखकर परेशान है, उसने "चंदन की बाँह पकड़कर ऐंठ डाली। गाल पर तमाचों की बौछार! गालियाँ-साले ठौर मार दूँगा। तू क्या समझ रहा है, यहाँ मौज करने आया है। गीत-गाने सुनेगा? गुलछर्रे उड़ाएगा? ला मैं सुनवाऊँ फिल्मी गाने। सारंग के हाथ से पतीली छूटकर आँगन में गिरी। वह दौड़कर चंदन के पास पहुँची और रंजीत से जूझने लगी, छोड़ो! छोड़ो! छुड़ाकर देख तू! देख छुड़ाकर। बदजात की...रंजीत किचकिचाए। हम तो बदजात हैं ही, पर ताज्जुब है कि भइया की यश गाथा सुनकर भी तुम्हारा बोलने का मुँह रह गया है। छोड़ो लड़के को। तड़ाक-तड़ाक! चंदन की बाँह पर पकड़ ढीली छोड़कर रंजीत ने सारंग को धर लिया। दो तमाचे दिए गाल पर। धोती का पल्ला सिर से कन्धे पर गिर गया।" अपनी पत्नी के साथ ऐसा सलूक करने के पीछे उसकी अपनी कमजोरी है। विवशता और लाचारी से उत्पन्न आक्रोश बच्चे और पत्नी पर न निकाले तो किस पर निकाले, ऊपर से सारंग की जिद, जिसके आगे उसका अहम् चूर-चूर हो रहा है। चोट खाए पुरुष से प्रेम या सहानुभूति की आशा करना व्यर्थ है। सारंग की इच्छाओं का मोल रंजीत कितना आँकता है, यह उसके उस समय के कथन से ज्ञात हो जाता है, जब सारंग श्रीधर को अस्पताल लेकर जानेवाली है। वह कहता है, "इतना समझाए देता हूँ, इस मास्टर को तू मेरे घर नहीं ले जाएगी, रंजीत ने इन बोलों को जहर में सानकर सारंग को ग्रहण करने को दिया हो मानो। पति के होंठों का क्रूर टेढ़ापन साफ-साफ बयान कर रहा था कि आज्ञा न मानने का नतीजा क्या होगा? ठिलिया का किनारा पकड़े हुए खड़ी रंजीत को देख रही है- आज मुझे जिन्दगी का एक और सत्य मालूम हो गया रंजीत। एक पेंच और खुल गया। मेरी इच्छा का मोल कितना है, यह मुझे बार-बार मत समझाओ। इससे तुम्हारे लिए बनाए हुए भरोसे की चूड़ियाँ टूटने लगती हैं। क्या करूँ, क्या न करूँ? क्या धर्म और क्या अधर्म सारे पाखंड की कहानी अब क्या पहेली रही है मेरे लिए? तुमसे ऐसा क्या माँगा था मैंने? केवल अपने मन की बात कह दी, यह कसूर था मेरा। बस तुम सूली तैयार करने लगे। जिस घर की मिट्टी का रेशा-रेशा मेरे हाथों सजा-सँवरा है, जिसके आँगन में मेरे पाँवों के निशान जीवित हैं, विश्वास नहीं होता रंजीत कि

एक पल में ही वह मुझसे कैसे छिन गया? तुम्हारा कोई नया सूत्र खुलता है और मुझे कुम्हार के डोरे की तरह चाक से काट ले जाता है, न मालूम तुम्हारा अहंकार इतना पैना है कि मेरे औरत होने की लाचारी का गीलापन...सारंग की आँखें छलछला आईं।'' यह एक कड़वा सच है कि यदि स्त्री आर्थिक दृष्टि से अपने पैरों पर न खड़ी हो तो उसे घर में अवाँछित और अधिकारहीन पात्र के रूप में माना जाने लगता है। शिक्षित परिवारों में यह स्थितियाँ टूटने लगती हैं, किन्तु सामन्ती अवशेषों से प्रभावित परिवारों में इस स्थिति में अपेक्षित बदलाव नहीं आया है। सारंग पर इसकी प्रतिक्रिया होना स्वाभाविक है। इसी तरह श्रीधर के घर आने के प्रसंग में रंजीत सारंग पर चीखता हुआ बोला था- ''नहीं आएगा वह। कतई नहीं आएगा। इस घर का मालिक मैं हूँ। यहाँ वही होगा, जो मैं चाहूँगा। मैं इस घर का कर्ताधर्ता। वह सन्न सी देखती रह गई। जिस घर की रानी बनी डोलती है, एक पल में ही अपनी औकात पता चल गई। रंजीत के मनमाफिक चलो, रानी बनी रहेगी। यह वेद वाक्य समझ लेना चाहिए।'' यह ऐसा वाक्य है जिसे कितनी ही स्त्रियों ने अपने पति से सुना होगा। सारंग ने भी जिस घर को अपना समझ प्रेम, कर्तव्य और जिम्मेदारी के भाव से संजोया, जिस पर पूर्ण अधिकार समझती रही उसी से उसे एक पल में अलग कर दिया गया। वह भी इसलिए कि उसने अपनी इच्छा जाहिर कर दी थी। स्त्री की यह स्थिति मूलतः उसकी आर्थिक परतंत्रता के कारण है। मार्क्स ने उत्पादन के साधनों अर्थात आर्थिक शक्ति को समाज-व्यवस्था के केन्द्र में माना है, अतः जब पुरुष वर्ग ने उत्पादन के साधनों पर अधिकार कर लिया, तभी स्त्री शोषण का मार्ग स्वतः खुलने लगा। भारतीय सामाजिक व्यवस्था में परम्परा से पुरुष या पति घर-परिवार की जिम्मेदारी अपने कन्धों पर उठाता है। आजीविका कमाकर परिवार का पेट पालता है। इस कारण परिवार पर उसका आधिपत्य स्वतः स्थापित हो जाता है और स्त्री की स्थिति सर्वहारा की हो जाती है, इसलिए गाँधी जी ने भी स्त्री उद्धार के लिए आर्थिक स्वावलंबन को आवश्यक माना था। उन्होंने यह महसूस किया था कि आर्थिक पराधीनता से मुक्ति मिलने पर ही स्त्री शोषण-मुक्त हो सकती है और तभी वह निर्णय का अधिकार भी पा सकती है। सवाल है कि स्त्री की नियति क्या यही है कि पुरुष अपनी मर्जी से जो अधिकार दे वह वहीं तक अपनी सीमा माने? ऐसे में स्त्री का कोमल हृदय छलनी नहीं होगा तो क्या होगा? उसका जो मन पति के प्रेम भरे दो बोल सुनने की अपेक्षा रखता है, वह ऐसे कठोर शब्दों से आहत नहीं होगा तो क्या होगा? क्या उसका कठोरतापूर्ण व्यवहार उसे उसके पति से दूर ले जाने वाला साबित नहीं होगा? सबसे अहम सवालों में से एक सवाल यह भी कि क्या इससे एक अदृश्य दीवार दोनों के बीच नहीं बनेगी? अवश्य बनेगी और अवसरानुसार वह दृश्यमान भी हो जाएगी। सारंग अपनी इच्छा का कोई महत्त्व नहीं देख पाती। उसके मन में सवाल उठता है कि एक स्त्री इतनी विवश और लाचार क्यों है कि उसे

अपना हर कदम उठाने से पहले इजाजत लेनी पड़ती है और पुरुष केवल निर्णय सुना देता है। उसके निर्णय के आगे स्त्री को बोलने का अधिकार भी नहीं। पुरुष मात्र आदेशकर्ता और स्त्री मात्र आज्ञापालिका क्यों है? स्त्री भी अपनी इसी भूमिका में संतुष्ट रहती है,तो घर की शान्ति बनी रहती है अन्यथा सारंग की तरह कोई अपने दिल की आवाज सुनने लगे, अपने मन की करने लगे तो घर अखाड़ा बन जाता है। पति-पत्नी में से एक को तो स्थिति को समझकर चलना होता है। पति-पत्नी के बीच जो भावनात्मक सम्बन्ध और संबल है, वही दोनों को बाँधे भी रखता है; इसलिए चाहे कितने ही कलह हों, मतभेद हों, सम्बन्ध विच्छेद का निर्णय भारतीय समाज में कम ही लोग लेते हैं। इसकी मूल वजह हमारी समाज-सांस्कृतिक व्यवस्था में है, इसलिए चाहे जो हो, पति-पत्नी के बीच के अटूट सूत्र को चाहे कितना ही खींचें-तानें, उसके टूटने की स्थिति जल्दी नहीं आती। सारंग को मारने-पीटनेवाले उसके पति रंजीत की तबीयत बिगड़ जाती है, तो तमाम मनमुटावों के बावजूद उसकी हालत देख सारंग दुःखी हो जाती है। "रंजीत रस्सों से उसकी खाल उधेड़ देते, इतनी टीस तब भी न उठती, जितना कष्ट उनके हाथों को निर्जीव होते देखकर हो रहा है। वह फूट पड़ी, दालान के खम्भे से सिर टिकाकर बिलख रही है। रुलाई के वेग में पेट और पीठ फफक रहे हैं। रो ऽ ऽ ऽ...मैं ऽ ऽ ऽ...मर गया हूँ। कि उस यार को, जिसके संग-सो...ऽ...ऽ...। रंजी ऽ ऽ त! हत्यारे! सारंग दाँती भींचकर चिंघाड़ पड़ी। चंदन माँ की धोती पकड़कर खड़ा है। रोया हुआ सा बेढप चेहरा। होंठ फैले हुए, दाँत निकले से...माँ ऐसे कभी नहीं चिल्लाई, उसको लग रहा हो मानो सारंग ने चंदन को धक्का दिया- बाबा को बुला! खड़ा क्यों है? बुला..ऽ ऽ ऽ...वह बू.. ऽ ऽ ऽ...ढ़ा पुरानी रें! रंजीत इतना ही कह पाए थे कि जोर से कै करने की मुद्रा में नाली के छेद की तरह मुँह खुल आया। फटकार कर उल्टियाँ हुईं। दालान का लिपा फर्श भर गया। घर में बदबू ही बदबू! सारंग का कलेजा टूट आया। जल्दी से पति को थाम लिया। धीरे-धीरे मोरी की ओर ले गई और वहीं से चिल्लाई, चंदन, जल्दी से भागकर द्वार की सांकल बंद कर आ। कहीं कोई आ न जाए। कोई खटखटाए तब भी मत खोलना।" त्याग और सेवा भाव जैसे उदात्त गुणों का सम्बन्ध स्त्रियों से ही क्यों जोड़ा जाता है? क्या पुरुषों में भी ये गुण नहीं होने चाहिए। उन्हें मात्र सेवा प्राप्ति का हकदार क्यों मान लिया जाता है। मानव होने के नाते स्त्री-पुरुष दोनों में ही क्या मानवता के गुण नहीं देखे जाने चाहिए? आज जमाना बदल रहा है। समय करवट ले रहा है। एक समय ऐसा था, जब स्त्रियाँ अपने पति की उपेक्षा, दुर्व्यवहार, अत्याचार चुपचाप सहती रहती थीं और विरोध के नाम पर आत्महनन करती थीं, लेकिन आज स्त्रियों के विरोध के तरीके बदल रहे हैं। फिर भी आज भी स्त्री कहीं न कहीं सदियों पुरानी वही स्त्री है। स्वच्छंद विचारोंवाली आधुनिकाएँ भी परम्परागत संस्कारों से आसानी से मुक्त नहीं हो पातीं। गहराई तक जमे संस्कारों के कारण अपनी

इच्छाओं को व्यक्त ही नहीं करतीं या फिर कभी विरोध कर भी देती हैं, तो वे अपने को ही कोसने लगती हैं। स्त्री की विडम्बना है कि वह कभी आत्मप्रताड़ना से मुक्त नहीं होती। सारंग की मनःस्थिति भी कुछ इसी तरह की हो जाती है, इसलिए वह सोचती है, ''रंजीत को बिना बताए केलासी सिंह को बुला लेना...छल है या अपराध? पतिधर्म और लोकधर्म कहाँ रहा? मर्यादा और परम्परा कहाँ रही? अभी तक भँवर का शक है रंजीत को, असल बात मालूम हुई तो? यही कहेंगे कि किसी दिन बदमाश बुलाकर मेरा कतल करा देना...हे भगवान! निःश्वास छोड़ती हुई सोच रही है वह-कुछ भी हो, मैं यह गिरह उनके सामने नहीं खोल सकती, जैसे वे मेरे कहने पर कोई अनिश्चित काम नहीं करते। जिद ठानी है मैंने? नहीं संकल्प लिया है, कौल धरा है, शपथ ली है कि डोरिया, मैं तुझे छठी का दूध याद दिला दूँगी, चाहे मुझे इसके लिए कुछ भी करना पड़े।''

पति और पत्नी यदि साथी-सहयोगी और एक दूसरे के पूरक हैं, तो गृहस्थी की गाड़ी आनन्द के हिंडोलों के साथ अग्रसर होती है। ऐसे में दोनों की ही शारीरिक-मानसिक आवश्यकताएँ स्वतः पूरी होती रहती हैं। पति-पत्नी एक-दूसरे के महत्त्व को समझें, एक-दूसरे की इच्छाओं का सम्मान करें, अपनी जिम्मेदारियों और सम्बन्धों के प्रति ईमानदार रहें, तो वे सुख के साथ जीवन यापन करते हैं। जब कभी इनमें संतुलन बिगड़ता है, तो पूरी गृहस्थ-व्यवस्था डावाँडोल हो जाती है। सामान्यतः स्त्री-पुरुष अपने गृहस्थ जीवन में सुख-शान्ति बनाए रखने का प्रयास करते हैं, इसलिए दोनों ही अपनी ओर से स्थिति सामान्य करने का प्रयास करते हैं। इससे भी आगे स्थिति और बिगड़ती है तो सामंजस्य बनाए रखने के प्रयास में स्त्री-पुरुष या पति-पत्नी समझौते का रास्ता अपनाते हैं और अपने व्यवहार को संयत रखते हुए कुछ हद तक दिखावे का रास्ता अपनाने लगते हैं। सारंग के साथ भी कुछ ऐसा होता है। वह अपने को समझाती है, ''आदमी का स्वभाव, कभी तल्ख तो कभी नरम। लड़ाई का क्या बुझाना? ईर्ष्या-द्वेष के चलते क्रोध, गुस्सा...चलो मारो परे। घर में चैन-शान्ति रहे बस। रंजीत ने सारंग को अपनी बाँहों में खींच लिया।'' पति को पत्नी पर पूर्ण अधिकार मानने के साथ ही उसके प्रति अपनी जिम्मेदारी को भी भली-भाँति समझना चाहिए अन्यथा मौका मिलने पर स्त्री-पुरुष या पति या पत्नी दोनों ही कहीं और आश्रय ढूँढ़ने लगेंगे। कहीं भावनात्मक आश्रय मिलने पर स्वचभाविक रूप से उस तरफ आकर्षण बढ़ेगा। सारंग के श्रीधर की ओर आकर्षित होने की वजह भी यही है। वह एकान्त में खोई हुई सी सोचती है, ''...मेरे दिलो-दिमाग पर क्यों छा गया है वह आदमी? उसका आस-पास होना ही मेरे लिए सर्वसुख है। श्रीधर का बोलना,चलना,देखना ही इस गाँव की उदासी में खुशियों की लहरें भर देता है। मैं कैसे कहूँ रंजीत से कि मेरी जिन्दगी सूनी थी, घायल थी, लाचार थी। वे आए तो घुटन-भरे आसमान को फोड़कर हवा का कोई ताजा झोंका आया है, जो मेरे भीतर नई साँसें...घावों

पर शीतल मरहम और सुनसान में मेले! तुम इसे कोई भी नाम दे दो। ज्ञान-ध्यान कहो, या प्यार प्रीति।'' श्रीधर से बचने का प्रयास उसे उससे दूर करने के बजाय और नजदीक कर देता है। सारंग पति के अलावा श्रीधर के साथ जुड़कर हमारे समाज की पूरी व्यवस्था को अस्वीकार करती है और व्यवस्था के विरुद्ध चुनौती बनकर खड़ी हो जाती है। यह परम्परागत रीति-रिवाजों और मान्यताओं के सामने स्त्री व्यक्ति बनकर उठ खड़ी होती है। सवाल उठता है कि इस चुनौती का औचित्य क्या है? यह कितनी सार्थक है ? ध्यान रखना चाहिए कि इस चुनौती के कारण सारंग बदनाम होती है। तो क्या इसे केवल स्त्री की उच्छृंखलता मान लिया जाना चाहिए या उसके विद्रोह के आगे नैतिकता बौनी हो गई है ? सारंग को बदनाम कर हम कहीं शोषण आधारित व्यवस्था को बनाए रखने की कोशिश को बढ़ावा तो नहीं दे रहे? उसका विरोध करनेवाले शोषणाधारित व्यवस्था को कायम रखने का पक्ष तो नहीं ले रहे? बदनामी को हथियार के रूप में प्रयोग तो नहीं कर रहे? हमें समझना होगा कि यौन शुचिता के आदर्श में अन्य सभी दोष ढकने की परम्परा जब तक रहेगी, इस मानसिक और सामाजिक जड़ता का टूटना सम्भव नहीं है।

तमाम प्रकार की देह मुक्ति की योजनाओं, घोषणाओं और आन्दोलनों के बावजूद आज भी स्त्री-पुरुष के बीच संघर्ष विद्यमान है। वे परिस्थितियाँ भी समाज में व्याप्त हैं; जिनसे टकरा-टकराकर सारंग उस स्थिति तक पहुँची। ऐसे में हमें यह देखना होगा कि हमारे आस-पास कोई सारंग तो नहीं बन रही। सारंग वास्तव में उन परिस्थितियों के प्रति हमें सावधान करनेवाला चरित्र है।

ग्लोबल गाँव के बहाने

1980 के आस-पास सर्वाधिक प्रभावशाली ढंग से प्रयोग में आने वाला शब्द है- ग्लोबलाइजेशन। इसी के लिए हिन्दी में भूमंडलीकरण शब्द का प्रयोग प्रचलित है। सैद्धांतिक अवधारणा की दृष्टि से ग्लोबलाइजेशन का प्रयोग अमरीका निवासी चार्ल्स ताजे रसेल ने किया, माना जा सकता है, जिन्होंने 1897 में एक प्रसंग में 'कोर्पोरेट जाइंट' शब्द का प्रयोग किया था। 19 वीं शताब्दी को भूमंडलीकरण का प्रथम युग माना जाता है। यह अन्तर्राष्ट्रीय व्यापार तथा यूरोपीय शासनिक शक्ति द्वारा अपने औपनिवेशिक राष्ट्रों में निवेश का समय है। रसेल द्वारा प्रयुक्त यह आर्थिक शब्दावली अपने सटीक प्रयोग के कारण जल्दी ही चर्चा में आ गई और इसने ग्लोबलाइजेशन की अवधारणा को जन्म दिया। इस प्रकार हिन्दी में जिस भूमंलडीकरण को लेकर व्यापक चर्चाएँ चल रही हैं, वह मूलतः एक आर्थिक परिघटना और उसके लिए प्रयुक्त शब्दावली से निष्पन्न हुआ है। भारतीय चिंतन की वसुधैव कुटुम्बकम् की जो दार्शनिक मानववादी कल्पना है, उससे भूमंडलीकरण को जोड़ना औचित्यपूर्ण नहीं माना जाएगा। अपनी प्रकृति के कारण भूमंडलीकरण की अवधारणा इतनी तेजी से फैली कि 20 वीं शताब्दी भूमंडलीकरण की ही शताब्दी प्रतीत होने लगी। थोड़ा पीछे लौटें तो 19 वीं शताब्दी को भी इस परिवर्तन से जोड़ सकते हैं क्योंकि यही वह समय है जो अन्तर्राष्ट्रीय व्यापारिक शक्तियों और यूरोप द्वारा औपनिवेशिक देशों में बाजारों पर अधिकार और निवेशों का है।

इतिहास में 17 वीं शताब्दी में ईस्ट इंडिया कम्पनी द्वारा सम्पूर्ण औपनिवेशिक राष्ट्रों में व्यापार की जो नीति अपनाई उसमें भूमंडलीकरण के बीज रूप को देखा जा सकता है। ब्रिटिश शासकों द्वारा अपनाई गई व्यापार की नीति के सहारे उन लोगों ने अपने लिए बाजार की खोज करनी शुरू कर दी थी। भारत का ही उदाहरण लें, तो भारत के ग्रामों में घरेलू स्तर पर पनपने वाले व्यापार के लिए बाजार खत्म होते चले गए थे। इससे जो आर्थिक वातावरण बना उससे भारत की परम्परागत अर्थ-व्यवस्था नष्ट होने लगी थी, उसी प्रकार आज छोटे पैमाने के उद्योग व व्यापार का भविष्य अन्धेरे में है। कारण यह है किबाजार के लिए पूरा विश्व भले ही खुल गया हो, उसे अपना स्थान बनाने के लिए कड़ी

प्रतिस्पर्धा करनी पड़ती है। अपने लिए मार्केट में उपयुक्त स्थान पाने के लिए प्रत्येक फर्म को अनेक हथकंडे अपनाने पड़ते हैं। कहना होगा कि विकासशील राष्ट्रों के छोटे स्तर के व्यापारियों को सम्पूर्ण विश्व में बाजार तो मिल जाता है, लेकिन उन्हें उसके लिए अपने माल प्रोमोट करना जरूरी हो गया है। इस होड़ में आज हर चीज बिकाऊ हो गई है। इससे सबसे अधिक आम आदमी का जीवन कठिन होता जा रहा है। ''जिस प्रकार के ग्लोबीय प्रभाव विकसित देशों की खुली मंडी में दाखिल होने से पड़ रहे हैं, ये और ज्यादा विस्तार पाएँगे, इन्हें आम आदमी भी रोक नहीं पाएगा पर सावधान उसे रहना होगा, क्योंकि हमारे नेता अपने सियासी लाभ के लिए उच्च वर्ग से साँठ-गाँठ करेंगे और वे देश को गिरवी ही नहीं, बेचने तक भी जा सकते हैं। अत: आम आदमी को यह बात समझ आनी चाहिए कि उसकी सारी कमाई 'खुली मंडी' के विकसित देश ठग लेंगे। ऐसी सम्भावना है कि भारत की आम जनता को 'जीने के लिए' बुनियादी आवश्यकताएँ भी पूरी न हो और वह 'मरता क्या न करता' के अनुसार ऐसे ग्लोबीय प्रभावों का ऐसा विरोध करे कि इतिहास की दिशा ही बदल जाए और कोई ऐसा अप्रत्याशित परिवर्तन आए कि देश अपने बलबूते अपनी प्रभुता स्थापित कर लें। यदि ऐसा कुछ नहीं होता तो जनता को गरीबी का नरक भोगना पड़ेगा। उसके सामने एक ही रास्ता होगा कि जनता विकसित देशों की तथा उच्च वर्ग की लूट-खसूट से अपनी खून-पसीने की कमाई को अपने लिए सम्भाल सके, चाहे उसके लिए उसे कितना ही संघर्ष क्यों न करना पड़े। इस संघर्ष के लिए उसके पास संकल्प और चेतना का होना आवश्यक है। इस प्रकार की जागृत चेतना के बिना संघर्ष बेमानी हो जाता है।''[1]

भूमंडलीकरण जिस आर्थिक परिदृश्य का निर्माण कर रहा है उसके दूरगामी सामाजिक-सांस्कृतिक भाषाई और राजनीतिक प्रभाव हो रहे हैं। भूमंडलीकरण ने शासन व्यवस्था और नागरिक के सम्बन्धों को नए सिरे से रेखांकित करना शुरू कर दिया है। उसका एक प्रभाव यह हुआ है कि राजनीति का असली चेहरा पहले की अपेक्षा अधिक तेजी से आम जनता के सामने आ रहा है। यह माना जाता है कि गणतान्त्रिक शासन व्यवस्था में जनता या आम आदमी ही सर्वाधिक शाक्तिशाली होता है, परन्तु इसी व्यवस्था में आम आदमी ही सबसे अधिक लाचार, शक्तिहीन और शोषित भी होता है। अपने मताधिकार की शक्ति से जो जनता शासन करनेवाली शक्तियों को अपदस्त कर सकती है, वे ही अपने अधिकारों को भली-भाँति न जानने और उनका प्रयोग न कर पाने से शोषण की चक्की में लगातार पिसती रहती है। सही मायने में ''जनतन्त्र का सबसे बड़ा आधार आम आदमी की जागृति है, वह हर ऐतिहासिक अनुभव से बढ़ेगी और इससे मानवीय मूल्य नये-नये रूपों में विकसित होते रहेंगे। कुछ परिवर्तन होने तो स्वाभाविक है किन्तु इनकी सम्भावना पर प्रश्नचिहन नहीं लगाया जा सकता क्योंकि ये मानवीय संस्कृति की गुणवत्ता का मूल

है, जड़ है।''[2] इसके बावजूद कम से कम भारतवर्ष में ऐसा कुछ दिखाई नहीं दे रहा है। जनता की सम्भावनाओं पर प्रश्न-चिह्न लगाते हुए भी यह तो कहा ही जा सकता है कि जनता अशिक्षा और अपने स्वभाव के कारण जनतंत्र से जिम्मेदारी भरा व्यवहार करने में पूरी तरह सफल नहीं हो रही है।

आम आदमी की मुक्ति अपने ही हाथों सम्भव है। समाज का प्रत्येक नागारिक जब तक जागृत नहीं होगा तब तक समाज का उद्धार असंभव है। चुनाव के माध्यम से जनता देश के नेताओं का चयन करती है, परन्तु वर्तमान में उन नेताओं में ऐसे बहुत कम हैं, जो भ्रष्टाचार की दलदल में फँसे हुए नहीं हैं और सच्चे हृदय से देशोद्धार करना चाहते हैं। देश भक्ति का जज्बा जिन नेताओं में नहीं है, वे कभी भी देश-हित या समाज कल्याण की बात नहीं सोच सकते। ''ये तथ्य कैसे छिपेंगे कि इस तथाकथित अनाज में आत्मनिर्भर देश के लोग उड़ीसा में ही नहीं, देश के कई हिस्सों में भूख से मरते हैं। पेट भर भोजन तो आधी आबादी को नहीं मिलता। फिर भी नवधनाढ्य वर्ग के लिए अन्तर्राष्ट्रीय कम्पनियों को आधुनिक सुविधाओं से सुसज्जित होटल-रेस्तराँ खोलने के लिए आमन्त्रित किया जा रहा है। ऐसा फूहड़ आचरण हमारी ऐतिहासिक गुलामी की ओर ही संकेत करता है। इस तरह के अवाँछनीय ग्लोबीय प्रभाव हमारे देश के अगुआ ग्रहण करेंगे तो उनके परिणामों से आम जनता कहाँ बचेगी? कैसे बचेगी? परेशान करनेवाली बात यह है कि इन प्रभावों का असर बहुत शक्तिशाली आक्रमण की तरह होगा। नियोजित जरूरत की तरह नहीं होता। इससे हमारे सामाजिक और सांस्कृतिक सरोकारों पर भी अवाँछनीय प्रभाव अपरिहार्य रूप से पड़ेंगे।''[3]

यद्यपि भारत के राजनीतिक यथार्थ का चेहरा हम आज देख रहे हैं, उसका निर्माण भूमंडलीकरण के पहले से ही शुरू हो गया था, लेकिन यह भी देखने में आ रहा है कि जिस आर्थिक परिघटना का विस्तार हो रहा है उस चेहरे की विकृतियाँ तेजी से साकार हो रही हैं। इसी राजनीतिक प्रभाव के कारण हमारी शासन सत्ता उन क्षेत्रों को बहुराष्ट्रीय कम्पनियों और देशी बड़ी कम्पनियों के हवाले कर रही है, जहाँ हजारों साल से लोग परम्परागत ढंग से जीते चले आ रहे हैं और इस देश की संस्कृति ही नहीं पर्यावरण की भी रक्षा कर रहे हैं। हम जानते हैं कि जंगल और पहाड़ हमारे लिए सभी दृष्टियों से अनिवार्य है। उन क्षेत्रों में रहनेवाले लोग भी हमारे लिए उतने ही अनिवार्य हैं, क्योंकि उनकी रक्षा का भार उन्हीं पर है। जंगलों में और पहाड़ों पर रहनेवाले लोगों के लिए जनजाति शब्द का प्रयोग प्रचलित हो गया है। वास्तव में यह शब्द एक ऐसे समूह के लिए सुरक्षित है, जिसकी अपनी एक अलग समाज व्यवस्था, रीति-रिवाज, परम्पराएँ, मान्यताएँ और विश्वास होते हैं। इनमें से सभी का संचालन परम्पराओं के आधार पर होता है। ये लोग प्रायः नगरों से दूर रहने के अभ्यासी होते हैं इसलिए जंगल, जमीन और जल पर ही इनकी

अर्थ-व्यवस्था और समाज-व्यवस्था टिकी होती है। पहाड़ों और जंगलों के वास्तविक हकदार भी ये ही लोग हैं। ये जंगलों का उपयोग ही नहीं करते बल्कि उन्हें बचाते और बढ़ाते भी हैं। भूमंडलीकरण की समस्या यह है कि उसकी आर्थिक भूख असीमित है, इसलिए उसकी पैनी नजर प्राकृतिक संसाधनों पर रहती है। उसने अपने लाभ के लिए बाजार बनाए हैं और बाजार बनाए रखने के लिए खदानों और जंगलों की जरूरत है। इसलिए देशी हो या विदेशी बड़ी-बड़ी कम्पनियाँ जंगलों और खदानों की ओर भाग रही हैं। इस भयावह घटना ने जनजातियों के जीवन को असंख्य खतरों से भर दिया है।

भूमंडलीकरण से प्रभावित वर्तमान और उत्तराधुनिक परिवेश में विकास के अन्तर्विरोध और उससे प्रभावित आम लोगों के जीवन यथार्थ को व्यक्त करने के लिए कीकट प्रदेश के बिरवे जिले के आदिवासियों को उपन्यासकार रणेन्द्र ने अपने उपन्यास 'ग्लोबल गाँव के देवता' का केन्द्र बनाया है। कथा का आरम्भ वहाँ से होता है, जहाँ कथावाचक भौरापार के सरकारी स्कूल में अध्यापक नियुक्त होकर आता है। स्कूल की जीर्ण हालत देखकर उसका मन उचट जाता है। यहीं उसका परिचय असुर नामक जनजाति से होता है। कथावाचक अपने कमरे में था, जब खून से लथपथ लालचन उसके पास पहुँचा। उससे मिलने पर असुरों को लेकर उसके मन में बचपन से जो चित्र बना था, वह एकदम ही बिखर जाता है। वह कहता है- "सुना तो था कि यह इलाका असुरों का है, किन्तु असुरों के बारे में मेरी धारणा थी कि खूब लम्बे-चौड़े, काले-कलूटे, भयानक, दाँत-वाँत निकले हुए माथे पर सींग-वींग लगे हुए लोग होंगे। लेकिन लालचन को देखकर सब उलट-पलट हो रहा था। बचपन की सारी कहानियाँ उलटी घूम रही थीं।"[4] और जब उसे लालचन की चोट का कारण पता लगता है तो उसके आश्चर्य का ठिकाना नहीं रहता। उस इलाके में यह विश्वास कायम था कि धान की अच्छी पैदावार के लिए उसके बीज को इंसानों का खून पिलाना पड़ता है। मुड़ीकटवा आदमी का सिर काटकर देवी थान में पूजा करते हैं। रुमझुम के साथ घूमते हुए उसे असुरों की असल जिन्दगी और उनकी समस्याओं की जानकारी मिलती है। संस्कृत विषय में एम.ए. रूपझुम अपनी जाति की व्युत्पत्ति सम्बन्धी इतिहास और पुराण तथा मिथकों की व्याख्या करता है और वर्तमान स्थिति देख आक्रोश व्यक्त करता है। धीरे-धीरे कथावाचक स्थानीय लोगों से मिलने-जुलने लगता है। स्कूल की पियुन एतवारी उसके खाने की व्यवस्था कर देती है। कई बार अम्बाटोली में लालचन के घर शनिवार की रात गुजारता है। वहीं एक दिन अखड़ा जो कि एक सामुदायिक केन्द्र है, वहाँ सब इकट्ठे होते हैं तो पता चलता है कि सोमा के बाबा ने अपना एक एकड़ खेत मात्र पाँच हजार रुपये में खदान के दलाल को दे दिया है। ऐसा उसने अपनी बेटी की लाश अस्पताल से लाने के लिए किया था परन्तु किसी न किसी तरह से उस इलाके की रैयती जमीन कम्पनियों के पास पहुँच रही थी। लालचन और रुमझुम

स्थानीय लोगों को चेताने की कोशिश करते हैं साथ ही उस इलाके का अवैध खनन रोकने की कोशिश करते हैं परन्तु कोई नतीजा नहीं निकलता। एक तरफ दूसरों की जमी न पर जबरदस्ती कब्जा करनेवाले गोनू खानदान जैसे लोगों का सामना करते हैं, दूसरी तरफ देशी-विदेशी कम्पनियों के अवैध खनन तथा सन्धि के अनुसार काम न करने पर विरोध प्रदर्शन करते हुए अपने अधिकारों की माँग रखते हैं। माँग पूरी करने के नाम पर उनके साथ छल होता है। परिणामस्वरूप विरोध का स्वर तीव्र हो उठता है। संघ के लड़कों के साथ मिलकर रुमझुम और डॉ. रामकुमार तीस-चालीस खदानों का काम रुकवा देते हैं। ग्लोबल गाँव के देशी-विदेशी देवतागण की नींद उड़ जाती है। परिणामस्वरूप संघर्षकर्ता गिरफ्तार कर लिए जाते हैं।

इस स्थिति का फायदा उठाकर शिवदास बाबा उन्हें जमानत देकर छुड़ा लेता है और अपना स्वार्थ पूरा करता है। कंठी-अभियान चलाकर जनजाति समूह को शुद्ध करने के नाम पर अपने जानवरों को बेचने के लिए विवश करता है। कन्या-विद्यालय खोलकर लड़कियों का यौन शोषण करता है, परन्तु बड़े-बड़े नेताओं तक उसकी पहुँच होने के कारण कोई भी उसका कुछ नहीं बिगाड़ पाता। असुरों का विरोध जारी रहता है। पुलिस आकर जनता कर्फ्यू के लिए लगाए गए चेकनामा तोड़ देती है। इसका विरोध करने पर सोमा को पुलिसवाले बुरी तरह पीट देते हैं। पुलिस की इस हरकत का विरोध करते हुए सभी असुर थाने के सामने इकट्ठे होते हैं। एक पुलिस की अनाप-शनाप बातें सुनकर कुछ असुर लड़के उससे भिड़ जाते हैं। पुलिस की गोली चलती है और छः लोगों की मौत हो जाती है, कई घायल होते हैं। अखबार में मरनेवालों को नक्सली बताया जाता है। लालचन और डॉ० रामकुमार पकड़े जाते हैं। विद्रोहियों को काबू में करने के लिए कई योजनाएँ उस इलाके में पहुँचती हैं। लगातार सताए जाने से लालचन मासिक संतुलन खो देता है। किसी काम का न रह जाने पर उससे सादे कागज पर हस्ताक्षर करवाकर छोड़ देते हैं। शिंडाल्को का मैनेजर पांडे बताता है कि लालचन ने समझौता कर लिया है, उसने संघर्ष समिति भी भंग कर दी है। जब तक वह घर पहुँचता है, एक ट्रेक्टर उसके द्वार पर खड़ा कर दिया जाता है। इसे देखकर सब लोग बहुत दुःखी होते हैं। किसी को यकीन नहीं हो रहा था कि लालचन ऐसा कर सकता है। वेदांग कम्पनी के द्वारा बाहरी लेबर लगाकर घेराबन्दी के काम को लेकर सब परेशान हो जाते हैं। बुधनी दी और ललिता के नेतृत्व में वेदांग कम्पनी के दफ्तर जाकर सैंतीस गाँवों में रहनेवाले हजारों परिवार के लिए मुआवज़ा पुनर्वास और व्यवस्था की बात करना तय होता है, परन्तु जिस गाड़ी में सब सवार होकर जा रहे थे वह एक दुर्घटना का शिकार होती है। लैंड माइन के फटने से सबकी धज्जियाँ उड़ जाती हैं। कथावाचक केवल सम्मोहन के साथ देखता रह जाता है। आगे के संघर्ष के लिए अन्य असुर युवक आगे आने शुरू हो जाते हैं। इस तरह उपन्यास का अन्त होता है।

सवाल उठता है कि क्या विकास का लक्ष्य गरीब जनता के भविष्य के दम पर प्राप्त किया जाना सम्भव है? वैश्विक परिवर्तन के प्रभाव से कोई भी व्यक्ति मुक्त नहीं है। जहाँ खुशहाल परिवार या सक्षम व्यक्ति अपने जीवन को और ज्यादा खुशनुमा बनाने के लिए हर तरह से खर्च करने को तत्पर रहता है, वहीं हमारे देश का एक बड़ा हिस्सा ऐसा है जो अनिवार्य आवश्यकताएँ जुटाने तक का सामर्थ्य नहीं रखता। ग्लोबल गाँव के देवता में रुमझुम के माध्यम से लेखक ने इस ओर हमारा ध्यान खींचा है कि जो लोग सुख-सुविधाओं से कोसों दूर रहकर जीवन संघर्ष में रत हैं उनके जीवन के सुख के मूल्य पर ही दूसरा वर्ग सुखपूर्वक जीवन बिताता है। उपन्यास के एक प्रसंग में रुमझुम कहता है, "हमारा बाक्साइट यहाँ से डेढ़-दो सौ किलोमीटर दूर जहाँ प्रोसेस होकर अल्युमिनियम में ढलता है, वह जगह सिल्वर सिटी ऑफ इंडिया कहलाती है। एक बार घूमने का मौका मिला था। फूलों-पार्कों से लदी हरी-भरी खूबसूरत कॉलोनी। एक से एक स्कूल, चमचमाते बाजार, क्लब घर, योगा केन्द्र, लाइब्रेरी, खेल के मैदान और न जाने क्या-क्या! सुन्दर-सुन्दर कुत्तों को घुमाती सुन्दर-सुन्दर महिलाएँ, बर्फ के गोलों से गुलथुल उजले-उजले बच्चे, रगं-बिरंगी गाड़ियाँ। लगा, इन्द्रलोक धरती पर उतर आया हो। और यहाँ पाट में अब आप आ ही गए हैं मास्टर साहब। धीरे-धीरे सब जान जाइएगा।"[5]

जिनकी जिन्दगी में केवल अभाव ही अभाव हो वे केवल जीने भर के लिए संघर्ष कर पाते हैं और अपनी दिनचर्या में इतने घुले रहते हैं कि अपने जीवन को बेहतर बनाने के बारे में सोच तक नहीं पाते। देश के आर्थिक विकास के लिए बनी योजनाओं के नाम पर उन्हीं के क्षेत्र को खोखला किया जाता है, तब भी वे कुछ नहीं कर पाते। कथावाचक जब भौरोपाट पहुँचता है तो देखता है "मीलों तक पसरे पहाड़ के ऊपर यह चौरस इलाका मन को और उचाट कर रहा था। छिटपुट जंगल बाकी खाली दूर-दूर तक फैले उजाड़-बंजर से खेत। बीच-बीच में बॉक्साइट की खाली खदानें। जहाँ से बाक्साइट निकाले जा चुके थे, वे गड्ढे भी मुँह बाये पड़े थे। मानो धरती माँ के चेहरे पर चेचक के बड़े-बड़े धब्बे हों। कोई ढंग से बोलने बतियाने वाला नहीं। शाम होते ही सन्नाटा उतर आता।"[6] बड़ी-बड़ी देशी-विदेशी कम्पनियाँ प्राकृतिक संसाधनों का बेहिसाब प्रयोग कर रही हैं, जिसका प्रभाव उस क्षेत्र विशेष पर ही नहीं सम्पूर्ण सृष्टि के पर्यावरण पर भी पड़ता है। उपन्यास में दिखाया गया है कि अपनी भूमि पर बाहरी शक्तियों द्वारा कब्जा कर लेने के बाद भी ये जनजाति कुछ नहीं कर पाती।

किसी भी देश के विकास की योजनाओं को अंजाम देने में उस देश की आर्थिक नीतियों की महत्त्वपूर्ण भूमिका होती है। आर्थिक विकास की प्रक्रिया में देशी-विदेशी बाजार एक हो गए हैं। जो भी जितनी पूँजी निवेश करता है, उससे लाख गुना मुनाफा कमाने की फिराक में रहता है। जहाँ भी, जब भी जिस भी रूप से फायदा उठा सके उस

रास्ते को अपनाता है। ऐसे में वैध-अवैध, न्याय-अन्याय जैसे नैतिक मूल्य उनसे कोसों दूर होते हैं। ईमानदारी तो इन्हें छू भी नहीं पाती। "छोटे-बड़े सभी खदान मालिकों का एक ही रवैया। लीज की भूमि पर कम, वन विभाग, गैर मजरूआ जमीन, असुर रैयत की जमीन से ज्यादा खनन किया करते। अवैध खनन खुले आम और वर्षों से जारी था। रुमझुम और लालचन दा को घूम-घामकर समझाना काम नहीं आता और न कलेक्टर एस.पी. को आवेदन लिखना। एक बार पूरी खोज-बीन कर अवैध खननवाली भूमि का मौजा, खाता, प्लॉट रकबा वहाँ से बॉक्साइट ढोनेवाली गाड़ियों के नम्बर सहित दस पन्द्रह पेज की दरख्वास्त खुद रुमझुम, लालचन दा कलक्टर के ऑफिस में उसके हाथों में दे आए। बाद में मालूम हुआ, जिला खनन पदाधिकारी को जाँच की जिम्मेदारी सौंपी गई है। बिल्ली को दूध की रखवाली का भार! सो, न कुछ होना था न कुछ हुआ।"[7] खेत खानेवाली बाड़ को ही खेत की रखवाली की जिम्मेदारी दी जाए तो उस खेत को कौन बचा सकता है।

देश की व्यवस्था ऐसी है कि सत्ता के दलाल अपने ही देश के लोगों पर अत्याचार का अधिकार पा जाते हैं। लेखक ने व्यवस्था के इस छद्म को दिखाकर विकास की वास्तविक स्थिति और उसमें पिसते आम आदमी की विवशता को भी भली-भाँति दिखाया है। स्वाभाविक है इस स्थिति को समझ लेने के बाद इससे प्रभावित लोग इसका विरोध करेंगे। अपने अधिकारों को पाने के लिए छटपटाएँगे। अपनी जमीन को खोखला होते देखकर भौरापाट के लोगों को भी ऐसी ही छटपटाहट होती है। वे इसका विरोध करना चाहते हैं। वे अपने साथ हो रहे अन्याय की जाँच करवाना चाहते हैं कि कम्पनियाँ उस इलाके के विकास पर भी ध्यान दे और वहाँ के लोगों की असुविधाओं पर भी ध्यान दें, परन्तु वास्तविक स्थिति यह है कि पढ़े-लिखे स्थानीय लोग भी केवल स्किल्ड लेबर बन सकते थे। इसके अलावा उनका कोई काम नहीं था। या तो शोषण के शिकार होकर छटपटाते रहो या फिर विरोध का जज्बा हो तो मृत्यु का सामना करने के लिए तैयार रहो।

आर्थिक स्रोतों पर एकाधिकार जमाने के लिए शक्तिशाली लोग साम-दाम-दंड-भेद अपनाने से भी पीछे नहीं हटते। जमीन के एक टुकड़े के लिए असुर लालचन दा के चाचा की हत्या सिर काटकर कर दी जाती है, "देवी थान में सिर वैसे ही पड़ा था। दोन खेत से धड़ को खटिया पर लादकर ले आया गया था। कोयलबीघा थाना हाजिर था। फुसफुसाहट थी कि गोनू सिंह के ख ानदान का काम है। पाँच एकड़ धनहर दोन पर कब से नजर थी। कई बार बेचने का दबाब बना चुका था। लालचन दा के चाचा के खेत की अगल-बगल के खेत धीरे-धीरे गोनू सिंह की दखल में आ गए थे। यह जालिम खानदान तीन एकड़ टाँड़ से सौ एकड़ दोन का मालिक कैसे बना, यह इलाके भर को पता था। लेकिन बेटा-भतीजा दामाद के लम्बे-चौड़े खानदान के भय से कोई मुँह नहीं खोलना

चाहता। वक्त पड़ने पर कनारी बबुआनी की लाठियाँ भी गोनू खानदान के पीछे खड़ी होतीं। सो भय तो था ही।''[8]

डंडे के आगे कौन अपना मुँह खोले? पूरे इलाकेमें ऐसी दहशत छाई हुई है कि हत्यारे का पता होते हुए भी किसी में इतनी हिम्मत नहीं कि कोई कुछ बोल सके। जिसके पास बाजू बल हो और धन की ताकत साथ हो,तो वह जिस ढंग से चाहे काम निकालता है। एक प्राइवेट अस्पताल से सोमा की बहन की लाश लाने के लिए जब पैसों की जरूरत पड़ी, तब उसके ''बाबा ने एक एकड़ खेत मात्र पाँच हजार रुपये में एक खदान के दलाल को दे दिया था। बिना घर में बात-विचार किए, जवान जहान बेटे के भविष्य का खयाल किए, सादे कागज पर ठप्पा लगाया, क्यों? सवाल सोमा के बाबा का ही नहीं था। जिसे देखो, वही फुसलावन-लस्सा लगावन के चक्कर में पड़ रहा था।''[9]

लालचन और रुमझुम जैसे लोग असुर समुदाय को चेताने की कोशिश में लगे रहे कि असुरों को अपनी जमीन बचाए रखनी होगी, नहीं तो उनका अस्तित्त्व खतरे में पड़ जाएगा, फिर भी तमाम कोशिशों के बावजूद वे लोग कोई ठोस कदम नहीं उठा पाते। सरकार द्वारा भी जब कभी किसी खास उद्देश्य के लिए उनसे जमीन ली गई तब भी उसका उपयोग उनके हित के लिए नहीं किया गया। रुमझुम इस स्थिति को समझने लगा था इसलिए अपने इलाके में बने स्कूल के सम्बन्ध में कहता है, ''असुरों के सौ से ज्यादा घरों को उजाड़कर बना था यह स्कूल। अभी भी आसपास असुर आबादी है। ज्यादा दूर नहीं, बीस-बाईस किलोमीटर के दायरे में लगभग सारी की सारी असुर, बिरिजिया, कोरबा आबादी बसती है। पिछले बीस वर्षों का रजिस्टर उठाकर देख लीजिए जो एक भी आदिम जाति परिवार के बच्चे ने इस स्कूल में पढ़ाई की हो। मैंने खुद कितनी कोशिश की थी। पिछले दो-तीन वर्षों से केजुअल शिक्षक के रूप में काम करने की इच्छा है। लेकिन वहाँ भी दाल नहीं गलती। आखिर हमारी छाया से भी क्यों चिढ़ते हैं ये लोग? मांड़-भात खिलाकर, अधपढ़, अनपढ़ शिक्षकों के भरोसे, फुसलावन स्कूल के हमारे बच्चे, ज्यादा से ज्यादा स्किल्ड लेबर, पिऊन, क्लर्क बनेंगे, और क्या? यही हमारी औकात है। हमारी ही छाती पर ताजमहल जैसे स्कूल खड़ा कर हमारी हैसियत समझाना चाहते हैं लोग।''[10] दबे कुचले समाज के विकास और कल्याण के लिए सच्चे मन से काम करनेवाले बिरले ही हैं। दूसरी तरफ व्यवस्था का एक चेहरा ऐसा भी है जो कदम-कदम पर दबे-कुचले लोगों को वैसे ही बने रहने देने की कोशिश में लगा है, इसलिए न तो उनके लिए उचित शिक्षा की व्यवस्था की जाती है, न ही उन स्कूलों के लिए जो शिक्षक चुने जाते हैं, वे उपयुक्त होते हैं।

उपन्यास के एक प्रसंग में दिखाया गया है कि ''भौरापाट स्कूल आदिम जाति पारिवार की बच्चियों के लिए खोला गया था, किन्तु उसमें पढ़नेवाली असुर-बिरिजिया

बच्चियों की संख्या दस प्रतिशत से ज्यादा नहीं थी। ज्यादातर बच्चियाँ हेडमिस्ट्रेस और टीचर्स के गाँव की और उनकी जाति उराव-खाड़िया, खेकार परिवार की थीं।''[11] यानी जिन लोगों के लिए जो स्कूल विशेष रूप से खोला गया था, उन लोगों का स्कूल तक पहुँचना भी आसान नहीं था। शिक्षा का अभाव झेलता यह समूह अन्य शोषण तन्त्र में भी जल्दी ही फँस जाता है। पढ़ी-लिखी ललिता अपने असुर समाज को एक ढोंगी बाबा के बहकावे में आते देख दुःखी होकर कह उठती है, ''आज भी यह कंठी आन्दोलन, यह हवन-भजन, यह लँगटा बाबा-क्या है यह सब? क्या काका सब समझते बूझते बेवकूफ नहीं बन रहे हैं? हम प्रकृति के पूजक हैं। हमारे महादनिया महादेव वही नहीं है जो लँगटा बाबा के हैं। हमारे महादेव यह पहाड़ है। यह पाट है, जो हमें पालता है। हमारी सरना माई न केवल सखुआ गाछ में बल्कि सारी वनस्पतियों में समाई हैं। हम सारे जीवों से अपने गोत्र को जोड़ते हैं। छोटे जीवों-कीट पतंगों को भी अपने से अलग नहीं समझते। हमारे यहाँ 'अन्य' की अवधारणा ही नहीं है। जिस समाज के पास इतनी खूबसूरत, इतनी बड़ी सोच हो उसे किसी लँगटा बाबा या किसी और की शरण में जाने की जरूरत ही क्या है? लेकिन नहीं, कोई भी नया आदमी जाता है, छल-छद्म, झाड़-फाँस देकर फुसला लेता है और कहेंगे कि वहीं लोहे की छाती-अरकंठे की बाँहों वाले असुर हैं। पूर्वजों की बातें करेंगे तो लोहा दौड़ने की बात की ऊँचाई पर पहुँच जाएँगे। एकदम पेड़ की फुनगी पर वहाँ से उतरेंगे ही नहीं और ऐसे देखिये तो देह में पानी भी नहीं बचा है।''[12] यहाँ ललिता उस चेतना के रूप में नजर आती है, जो उस समूह के शिक्षित युवा-वर्ग में फैल रही है, यह वर्ग अपने यथार्थ से परिचित हो रहा है और शोषण तंत्र को समझ रहा है, परन्तु उन्हीं में कुछ ऐसे भी हैं, जो अपनी वास्तविक स्थिति को न समझते हुए प्रचलित मिथकों को याद कर अपने को गौरवान्वित करने में ही संतुष्ट रहते हैं। ललिता को उन लोगों से भी शिकायत है।

जनजाति वर्ग का एक कड़वा सच उनकी जिन्दगी के साथ जुड़ी दरिद्रता है। उनके लिए पौष्टिक भोजन की कल्पना तो दूर की बात है,उन्हें पेट भरने के लिए कड़ी मेहनत करनी पड़ती है और जब कोई भी साधन नहीं रह जाता तब एक जंगल होता है, क्योंकि ''जिस घर में मजूरी में खटने वाले हाथ रहते वे तो खान-खदान में खटकर पेट पाल लेते, किन्तु जिन घरों में खटने लायक समाँग नहीं होता उस घर का पेट तो जंगल ही पालता। महुआ कटहल कई तरह के कंद और साग सब पेट भरने के काम आते। एक कस्सा कन्दा तो खाने के पहले बहुत ही मेहनत करवाता। पहले उसे लकड़ी की राख के साथ उबाला जाता। फिर रात भर दोन खेत में उसे छोटे नाले के नीचे रखा जाता, जिससे छोटी-पतली-धार गिरती हो। रात भर धार के नीचे रहने के बाद भी उन कन्दों में कस्सापन बचा तो रहता किन्तु खाने लायक हो जाता।''[13]

जनजातियों का जंगल के साथ एक अटूट रिश्ता होता है। जंगलों के भरोसे जीनेवाले इन जनजातियों की जमीन पर गिद्ध दृष्टि जमाए लोग इनकी जरूरतों को पूरा करने के रास्तों को तो अपने फायदे के लिए बन्द करते ही हैं, विपत्ति का तोहफा भी साथ दे देते हैं। असुर जाति को जो कृत्रिम आपदा का सामना करना पड़ता है उसे डॉ. रामकुमार के माध्यम से उपन्यासकार कहता है,''देखिएगा कि मक्का की एक बरसाती फसल के भरोसे जिन्दगी कितनी कठिन हो जाती है। मजूरी और जंगल का सहारा जो नहीं हो तो लोग फिर आसाम- भूटान निकल जाएँ। लेकिन एक तरफ इन खानों ने मजूरी दी तो दूसरी तरफ बर्बादी के सरंजाम भी खड़े किए। पिछले पच्चीस-तीस सालों में खान मालिकों ने जो बड़े-बड़े गड्ढे छोड़े हैं, बरसात में इन गड्ढों में पानी भर जाता और मच्छर पलते हैं। सेरेब्रेल मलेरिया यहाँ के लिए महामारी है। मुड़ीकटवा से साल दो साल पर भेंट होती है किन्तु इस जानमारू से तो हर रोज भेंट होगी।''[14]

प्राकृतिक संसाधनों का दोहन करनेवालों को केवल धन नजर आता है, इसलिए जिस जमीन पर आदिवासियों का अधिकार होता है वहाँ से उनको बेदखल करने की योजना ये धनवान देवता बनाने लगते हैं।''सामान्य तौर पर इन आकाशचारी देवताओं को जब अपने आकाश मार्ग से या सेटेलाइट की आँखों से छत्तीसगढ़,उड़ीसा, मध्यप्रदेश, झारखंड आदि राज्यों की खनिज संपदा, जंगल और अन्य संसाधन दिखते हैं तो उन्हें लगता है कि अरे इन पर तो हमारा हक है। उन्हें मालूम है कि राष्ट्र-राज्य तो वे ही हैं तो हक तो उनका ही हुआ। सो इन खनिजों पर, जंगलों में घूमते हुए लंगोट पहने असुर-बिरिजिया,उराँव-मुंडा आदिवासी दलित-सदान दिखते हैं तो उन्हें बहुत कोफ्त होती है। वे इन कीड़ों-मकोड़ों से जल्द निजात पाना चाहते हैं। तब इन इलाकों में झाड़ू लगाने का काम शुरू हो जाता है।''[15] यानी योजनाबद्ध ढंग से जनजातियों की जमीन पर काबिज होने के कार्यक्रम चलने लगते हैं। अपनी जमीन बचाने के लिए जब ये संगठित होकर अन्याय का विरोध करने की कोशिश करते हैं तो बदले में उन्हें सत्ता का अत्याचार सहना पड़ता है। यही न्याय के लिए आवाज उठानेवाले असुरों के साथ भी होता है। जान बचाने के लिए उन्हें न जाने कहाँ-कहाँ भटकना पड़ता है, ''संघर्ष समिति के अगुआ इलाका छोड़ चुके थे। पुलिसिया मार-पीट, गिरफ्तारी से बचने को पाट के सभी नौजवान लड़के-लड़कियों ने इलाका छोड़ दिया था। गाँवों में बूढ़े-बच्चे बचे थे। वे भी पुलिसिया बेंत से बच नहीं पा रहे थे।''[16]

यह दुःखद आश्चर्य है कि जो लोग अपनी अस्मिता को बनाए रखने के लिए अपने अधिकारों की माँग करते हुए संघर्ष करते हैं और मारे जाते हैं उन्हें नक्सली करार दे दिया जाता है। अखबार के तीसरे पृष्ठ पर नृशंस हत्याकांड की खबर इस प्रकार छपी थी-''पाथरपाट में हुए पुलिस मुठभेड़ में छह नक्सली मारे गए। मारे गए नक्सलियों में

कुख्यात एरिया कमांडर बालचन भी शामिल। फिर बालचन के नृशंस कारनामों का विवरण। किस एस.पी. दारोगा की हत्याओं और किन-किन बैंक डकैतियों में वह शामिल रहा था। एकदम आँखों देखा विवरण। अन्त में इस बात का भी उल्लेख था कि भागते समय नक्सली लाशें उठा ले गए। पुलिस फोर्स लाशों की तलाश कर रही है।''[17] प्रस्तुत गद्यांश यह प्रमाणित करता है कि नक्सलवाद या आतंकवाद के बहाने हाशिए के आदमी पर सत्ता किस तरह अत्याचार करती है। उपन्यासकार ने आरोप की इस नीति को पुराण में प्रचलित कथाओं के माध्यम से व्याख्यायित करने की कोशिश की है। एक स्थान पर रुमझुम के माध्यम से लेखक कहता है, ''सिंगबोंगा-सूर्य देवता द्वारा असुरों को सजा देने की प्रथा प्रचलित है। किन्तु यह सुर-असुर लड़ाई एक जटिल पहेली है। कभी हम लोग स्थिर से बैठकर इसे सुलझाएँगे। क्या यह पाषाण कालीन लोगों का धातु पिघलाने वाले लोगों से संघर्ष था? सुर में 'सु' शामिल है जिसका अर्थ उत्पादन होता है। इसलिए क्या जंगलों को काटकर उत्पादन यानी खेती करने वालों और सखुआ पेड़ के कोयले पर आश्रित लोहा पिघलाने वालों के बीच लड़ाई है। विष्णु के कई अर्थ हैं जिसमें फैलने वाला और यज्ञ भी है। जंगल में आग तेजी से फैलती है। झूम खेती जंगलों को काटकर और जलाकर की जाती रही है। स्वाभाविक है, जो लोग भोजन और रोजगार के लिए जंगल पर निर्भर रहे होंगे उन्हें जंगलों का जलाया जाना अखरता होगा। चाहे उसे यज्ञ कहिए या विष्णु कहिए, क्या फर्क पड़ता है। यह लड़ाई का कारण बना होगा।''[18]

लड़ाई का कारण जो भी रहा हो, जो पराजित होता है उस वर्ग का दुराचारी होने तथा विजयी वर्ग का सदाचारी और न्यायप्रिय होने की अनेक कथाएँ प्रचलित हो जाती हैं या प्रचारित की जाती हैं। लेखक ने असुरों की इस नियति का संकेत करके वर्तमान संघर्ष की परिणति को उजागर किया है। विरोध खत्म करने के लिए विरोधियों को खत्म करने की सत्ता की नीति के तहत रामकुमार और लालचन को गोली की आवाजें सुनाई जाती हैं। उनके वजूद को पूरी तरह खंडित कर दिया जाता है। ऐसा लगता है, जैसे सत्ता से टकराने वालों की अन्तिम स्थिति पूर्व निर्धारित होती है, फिर भी ऐसा क्या है जो कहीं न कहीं विरोध प्रदर्शन होता ही रहता है। लेखक कथावाचक के माध्यम से कहलवाता है-''क्या मृत्यु का भी कोई आकर्षण है? या नियत पराजय भी आमन्त्रित करती है? मैं सोचता रहता। फिर क्यों, न केवल कीकट प्रदेश के बरवे जिले में बल्कि देश के कई-कई राज्यों में हाशिए पर पड़े समुदाय संघर्षरत थे। क्या सभी अपनी अपूर्ण मृत्यु की ओर बढ़ रहे थे?''[19] यह एक ऐसा सवाल है, जो हमारे चारों ओर चक्रवात की तरह घूम रहा है और जिसके आकार में लगातार वृद्धि हो रही है, लेकिन जिसका कोई जवाब नहीं मिलता।

उपन्यासकार ने देश के विभिन्न क्षेत्रों-छत्तीसगढ़, मणिपुर, केरल,महाराष्ट्र और मध्य-प्रदेश में अपनी अस्मिता के लिए संघर्ष करते और अनाचार और अत्याचार के

खिलाफ आवाज उठाते लोगों की यथार्थ घटनाओं का विवरण देकर सत्ता पक्ष की नीतियों की ओर ध्यान खींचा है। अमेरिका के मूल निवासी रेड इंडियन के साथ होनेवाले बर्बरतापूर्ण व्यवहार के माध्यम से भी जनजातियों के साथ होनेवाले अन्याय को उजागर किया गया है कि किस तरह विजयी पक्ष अपने को महिमामंडित कर लेता है और पराजित पक्ष को पूर्णतःदोषी करार दे दिया जाता है,इसलिए 'सत्य की विजय' जैसी धारणा किनारे रखकर विभिन्न साधनों से विजय को ही लक्ष्य किया जाता है और''युद्ध में विजय उसे मिलती है जो ज्यादा हिंसक, ज्यादा बर्बर और ज्यादा कुशल प्रशिक्षित हत्यारा होता है- कायनात के सबसे खूबसूरत फूल, इंसान को जिबह करने के लिए जिसके पास ज्यादा बेहतर औजार होते हैं। युद्ध में विजय सत्य और न्याय की नहीं हुआ करती, जैसा कि किस्सों-कहानियों में हमें बताया जाता है वे तो चारण भाट, कवि-कथाकार पौराणिक होते हैं जो सत्य और न्याय के किस्से गढ़ते हैं और हम आँख मूँदकर जिन पर विश्वास करते हैं। उनकी लेखनी की ताकत यह प्रमाणित करने में खर्च होती है कि पराजित नस्ल कितनी बेईमान, अन्यायी अनाचारी थी। यह सब केवल रक्त सनी भूमि स्त्री, स्त्री स्वर्ण और सिंहासन से उपजे अपराधबोध को धोने का खोखला प्रयास भर होता है।''[20]

विश्व भर में हिन्दुस्तान की गौरवशाली संस्कृति प्रसिद्ध है परन्तु वैदिक काल से असुरों के साथ होनेवाले व्यवहार के माध्यम से गौरवशाली संस्कृति का अन्धेरा पक्ष भी उपन्यासकार ने सामने रखा है। ''छाती ठोंक-ठोंककर अपने को अत्यंत सहिष्णु और उदार कहनेवाली हिन्दुस्तानी संस्कृति ने असुरों के लिए इतनी भी जगह नहीं छोड़ी थी। वे उनके लिए बस मिथकों में शेष थे। कोई साहित्य नहीं, कोई इतिहास नहीं, कोई अजायब घर नहीं। विनाश की कहानियों के कहीं कोई संकेत मात्र भी नहीं।''[21] इस तरह एक पूरी जाति लुप्त होने के कगार पर पहुँच जाती है। सुविधाओं से वंचित इस समुदाय में अन्धविश्वासों की भी कमी नहीं है। शिक्षा का अभाव तथा विज्ञान और तकनीकी विकास से अनजान होने के कारण यह समाज अन्धविश्वासों से जल्दी मुक्त नहीं हो पाता। देवी थान में बलि देने जैसी प्रथा असुर समाज में व्याप्त है। इस सम्बन्ध में रामकुमार कहता है, ''अभी भी खरीफ के सीजन में दो-चार घटनाएँ घट जाती हैं। आदमी की जान की तो मानो कोई कीमत ही नहीं।...दरअसल अब भी कुछ लोगों के मन में यह बात बैठी हुई है कि धान को आदमी के खून में सानकर बिचड़ा हालने से फसल बहुत अच्छी होती है। इसलिए इस सीजन में मुड़ीकटवा लोग घूमते रहते हैं।''[22] अन्धविश्वास के कारण जनजाति समुदाय के भोले-भाले लोगों को ठगी लोग जल्दी अपना शिकार बना लेते हैं। ये लोग किसी के भी बहकावे में आ जाते हैं और धोखा खाते हैं। शिवदास बाबा भी असुरों की नादानी का पूरा फायदा उठाकर अपना स्वार्थ सिद्ध करता है। बाबा ने असुरों

के दिमाग में यह बात भर दी थी कि काले रंग के पशु अशुभ हैं। फिर तो उसे जितना जल्दी हो वे उन्हें बेचने लगे। उन्हें प्रशासन का भी डर नहीं था, न ही वे यह समझने के लिए तैयार थे कि "गाय-गरू, मुर्गी, सूअर केवल पशु नहीं बल्कि उनकी जमा-पूँजी थे, घरेलू बैंक के पास-बुक। हारी-बीमारी, शादी-ब्याह अन्य प्रयोजनों में यही काम आते हैं। किन्तु शिवदास बाबा के एक चमत्कार ने इन घरेलू बैंकों को एक झटके में दिवालिया कर दिया और मजे की बात तो यह है कि इन्हें खबर तक नहीं हुई। लेकिन बहुत फायदे में पशु व्यापारी भी नहीं रहे थे। अन्दरूनी खबर थी कि बाबा के खास लोगों ने उन पशुओं की वाजिब कीमत व्यापारियों से वसूल ली थी। उम्मीद से ज्यादा आमदनी हुई। उसके बाद बाबा के आश्रम-विद्यालयों की भव्य शुरुआत हुई।"[23] विद्यालयों की स्थापना कर ढोंगी बाबा ने अपनी ऐयाशी की व्यवस्था कर ली थी। ये विद्यालय आवासीय थे जिसके साथ बाबा के विश्राम का कमरा बना था। "बाबा के रात्रि विश्राम में बच्चियों के विद्यालय बाजी मार ले जाते तो इसे बाबा जी का पक्षपात नहीं, बल्कि श्रद्धा और भक्ति की विजय माननी चाहिए। लेकिन छिद्रांवेशी इन बातों को गंदी नजरों से देखते और गंदे-गंदे विश्लेषण करते। अब ऐसे पापियों पर कौन ध्यान दे।"[24] धार्मिक शक्तियों की आढ़ में स्त्री का दैहिक शोषण कोई नई बात नहीं है। देवदासियों को इसके प्रमाणस्वरूप देख सकते हैं। यदि कहा जाए कि जनजातीय समाज में भी स्त्री सबसे अधिक शोषित और दमित होती है, तो गलत न होगा। असुर स्त्रियों की हालत भी इससे भिन्न नहीं है। घर-गृहस्थी से जुड़े छोटे-बड़े सारे काम तो उनको करने ही हैं, "सूर्योदय के साथ-साथ रगड़ाई-सफाई से नये-नकोरे हुए चमकते बर्तनों में पानी भर लोटती दिखतीं। उनकी सुरुज देव सिंगबोंगा से ही होड़ा-होड़ी चलती कि कौन पहले दुआर पर पहुँचता है। उसके बाद जलावन का इंतजाम। घर गाय- गोरुओं को चारा फिर, फिर रसोई में भात राँधने का कार्य-व्यापार। उनसे निबटने के बाद बच्चों को स्कूल और मर्दों को काम पर भेजने की तैयारी। जब सब घर से निकल जाते तब अपने नहाने-धोने फींचने की चिन्ता। उनसे उबरने के बाद ही बारह-एक बजे तक अन्न का दाना नसीब होता। लेकिन अभी भी फुर्सत नहीं। खेतों में कई काम इनके ही भरोसे रहते या यों कहिए कि अधिकांश काम इनके ही भरोसे रहते। मर्दों के जिम्मे जोताई-कोडाई, हेंगाना-पाटा देना। मन हुआ तो बिचड़ा ढो देना और रोपाई-कटाई में मदद करना। लेकिन खेतों में छोटे-बड़े दर्जनों तरह के काम और सबके सब औरतों के ही जिम्मे, जिन्हें वे हँसते-गाते खिलखिलाते निभाती रहतीं।"[25]

यह कहना गलत न होगा कि स्त्री इसी सहिष्णुता और सहजतापूर्ण प्रवृत्ति के कारण ही अधिक शोषित होती है। घर-परिवार की चिन्ता के कारण जहाँ भी काम मिले उसे करने को तैयार रहती है। इसलिए खदानों के अधिकारियों के लिए भी असुर स्त्रियाँ सहज उपलब्ध हो जाती हैं। "पाट में दो दर्जन से ज्यादा खदानों के मठ-मुंशी सब बाहर वाले थे।

किसी ने परिवार नहीं रखा था। सबको डेरे में काम के लिए असुर लड़कियाँ ही चाहिए थीं। क्यों चाहिए यह बताने की जरूरत थोड़े ही है। रामचन जैसे बिगड़ैल असुर जवान ही उनके हथियार बनते और बड़ी आसानी से एक-एक डेरे में दो-दो तीन-तीन लड़कियाँ खटती दिख जातीं। फिर उन्हें रामरति बनने में देर नहीं लगती।''[26] इस प्रसंग के माध्यम से लेखक वैश्विक परिवर्तन के स्त्री पर पड़नेवाले प्रभाव को रेखांकित करते हैं। थोड़े से फायदे के लिए उन्हीं के समाज के लोग उन्हें दलदल में धकेलते हुए जरा भी नहीं हिचकिचाते। ''खदान के मठ, मुंशी, क्लर्क, अफसरों के डेरों में खटने वाली असुर युवतियों के रंग-ढंग देखते ही देखते बदल जाते। स्नो, पाउडर, रंग आलता, नकली जेवर से सजने लगतीं। सखुआ पाट के अंसारी ठेकेदार की रखनी रामरति अकेले नहीं थी। वह छुतहा रोग की तरह पूरे पाट में फैल रही थी।''[27] इस संक्रामक रोग को फैलानेवाले गाँव के ही लोग थे जो थोड़े से पैसों या फिर थोड़ी सी सुविधा के लालच में दूसरों के बहकावे में आ जाते। इस सच्चाई को बयान करते हुए लालचन दा कहता है, ''कोई बाहरी जन दलाल थोड़े ही थे। यही रामचन जैसे घर-गाँव के आदमी दलाली करते थे। कच्ची उम्र की लड़की मन को फुसलाना। दिल्ली कलकत्ता का सब्जबाग दिखाना। जिस घर में मर्द-औरत में नहीं पट रही हो, उस घर की औरत को फुसलाना। खरीफ कटनी के बाद हाट बाजार ऐसे दलालों से भरा रहता। वो तो नीचे लोधमा की पाँच लड़कियों में से एक आठवीं पास थी। उसने जैसे तैसे पोस्टकार्ड भेजा। हाट के दिन डाकिये ने डॉक्टर साहब के हाथों में वह पोस्टकार्ड थमाया, तो पता चला क्या-क्या अत्याचार सहती हैं हमारी बेटियाँ। न जाने दिल्ली के कौन से मुहल्ले की मालिशवाली दुकानदारिन के हाथों में बेची गई थीं।''[28] कहना ही होगा कि इस समाज में भी स्त्रियाँ ही सबसे अधिक शोषित-दमित बनी हुई हैं।

इस उपन्यास के माध्यम से भूमंडलीकरण के सम्बन्ध में एक बहुत बड़े खतरे की ओर संकेत किया गया है। उपन्यासकार कहता है ''ग्लोबल गाँव के देवता खुश थे। जो लड़ाई वैदिक युग से शुरू हुई थी, हजार-हजार इन्द्र जिसे अंजाम नहीं दे सके थे, ग्लोबल गाँव के देवताओं ने वह मुकाम पा लिया था। असुर-बिरिजिया, बिरहोर-कोरबा, आदिम जाति आदिवासी सब मुख्यधारा में शामिल होने ही वाले थे। मुख्यधारा की लहरें चाँद छूने को बेताब थीं। वह लहराती-इठलाती राज्यों की राजधानियों से होती हुई वाया दिल्ली, वाशिंगटन डी.सी. की ओर दौड़ी जा रही थीं।''[29] यही वह मूल खतरा है, जो हमारे समाज को नए सिरे से एक नए प्रकार की गुलामी की ओर धकेल रहा है। यह गुलामी केवल राजनीतिक और आर्थिक ही नहीं है, वैचारिक भी है। आज हम देखते हैं कि हमारा अभिजात वर्ग शासन सत्ता के साथ मिलकर उदारीकरण, मुक्त बाजार व्यवस्था, विश्व बाजार आदि का इस प्रकार गुणानुवाद कर रहा है कि आम जनता को असली खतरे को समझने में भारी दिक्कत आ रही है और निहित स्वार्थी विश्व शक्तियाँ हमें अपने

हितों के लिए भुनाने में सफल हो रही हैं। इस खतरे को समझना-समझाना जनता के हित का ध्यान करनेवाली बुद्धिजीवियों की जिम्मेदारी है। ग्लोबल गाँव के देवता की कथाकार ने इस ओर एक कदम बढ़ाया है।

संदर्भ

1. हिन्दी साहित्य इक्कीसवीं सदी की चुनौतियाँ, सं-डॉ. कीर्ति केसर, नवराज प्रकाशन-दिल्ली-2002, पृ. 31
2. वही, पृ. 32
3. वही, पृ. 31
4. ग्लोबल गाँव के देवता, रणेन्द्र, भारतीय ज्ञानपीठ, दूसरा संस्करण-2010 पृ. 11
5. वही, पृ. 16
6. वही, पृ. 9
7. वही, पृ. 27
8. वही, पृ. 32
9. वही, पृ. 26
10. वही, पृ. 19
11. वही, पृ. 20
12. वही, पृ. 72
13. वही, पृ. 24
14. वही, पृ. 13
15. वही, पृ. 93
16. वही, पृ. 88-89
17. वही, पृ. 88
18. वही, पृ. 18
19. वही, पृ. 91
20. वही, पृ. 42
21. वही, पृ. 33
22. वही, पृ. 12
23. वही, पृ. 58
24. वही, पृ. 59
25. वही, पृ. 22
26. वही, पृ. 26
27. वही, पृ. 39
28. वही, पृ. 30
29. वही, पृ. 100

साहित्य में विद्रोह की जड़ों की तलाश

रचना की परख का एक आधार यह भी हो सकता है कि उसकी समाजशास्त्रीयता, संस्कृति शास्त्रीयता और भाषिकता को अपनी जनता के व्यवहार तथा जन-मानसिकता के सन्दर्भ में विवेचित किया जाए। आज जब पूरा विश्व, विशेषकर भारत सशास्त्र विद्रोह तथा उसके ताकतवर उत्पादों से जूझने में लगे हुए हैं, तब जनता के बीच काम करनेवाले लोगों ही नहीं, संस्थाओं का भी यह काम है कि वे साहित्य को जन-संघर्ष के सही साधनों में से एक का दर्जा दें और उसी रूप में उसके अध्ययन की परिपाटी विकसित करें। इस आवश्यकता को एक तर्क के रूप में उठाने का आधार यह भी है कि व्यवस्था-विरोधी आन्दोलनों से लड़ने में लगभग सभी उपाय अपनाए जा रहे हैं और किसी से भी अपेक्षित परिणाम सामने नहीं आ रहे हैं, लेकिन लम्बे समय से इस देश के लेखक, जो लिख रहे हैं, और अपने लिखे में जन-असंतोष के जिन कारणों की तलाश कर रहे हैं, उन पर कोई ध्यान नहीं दे रहा है। मुझे पूर्वोत्तर भारत के जन-आन्दोलनों और जन-संघर्षों के अध्ययन का अवसर मिला है और मैंने उसमें साहित्य को एक बड़ा आधार बनाया है। मैंने पाया कि पूर्वोत्तर की समस्याओं के मूल कारणों को तलाशने का आधारभूत काम यहाँ की भाषाओं के लेखक कर रहे हैं। इतना ही नहीं, हिन्दी भाषा के भी कुछ लेखकों ने पूर्वोत्तर के बारे में आग्रहमुक्त होकर लिखा है। यह देखकर मुझे लगा कि यदि इस उपलब्ध साहित्य का अध्ययन तुलनात्मक आधार पर करके जन असंतोष की जड़ों की तलाश की जाए तो अच्छे नतीजे प्राप्त किए जा सकते हैं। इस अध्ययन को और अधिक तलस्पर्शी बनाने के लिए हिन्दी-मणिपुरी भाषाओं के साथ ही मणिपुरी और मिजोरम को लैबोरेटरी-स्टेट के रूप में प्रयोग करने का निश्चय भी किया गया है।

मणिपुर, पूर्वोत्तर भारत के अन्तिम छोर पर स्थित छोटा-सा राज्य है। इसके पूर्व में म्यांमार (बर्मा) दक्षिण पश्चिम में असम, उत्तर में नागालैंड और दक्षिण तथा दक्षिण पश्चिम में मिजोरम स्थित है। 22,327 वर्ग कि. मी. के इस क्षेत्रफल में तीन जिले घाटी में और छः जिले पर्वतीय क्षेत्रों में, कुल नौ जिले हैं। 2011 की जनगणना के अनुसार यहाँ की जनसंख्या 27,21756(सत्ताइस लाख इक्कीस हजार सात सौ छप्पन) है। इस राज्य

की अर्थ-व्यवस्था का प्रमुख आद्धार कृषि है। भारत के औद्योगिक नक्शे पर इस राज्य की उपस्थिति केवल इसके गृह-उद्योगों के नाते मानी जा सकती है। इसमें सबसे बड़ा हथकरघा उद्योग है। इस राज्य की प्रामाणिकृत जनजातियों की संख्या तैंतीस है। ये प्राय: पहाड़ी क्षेत्रों की निवासी हैं और घाटी में प्राय: मैतै निवास करते हैं। जन-जातियों की अपनी-अपनी बोलियाँ हैं। मैतै लोग मणिपुरी, मैतैलोन या मैतैरोन भाषा बोलते हैं। 21, जनवरी 1972 को इसे पूर्ण राज्य का दर्जा प्राप्त हुआ था, लेकिन इसके बाद जिस ढंग से, जिस गति से राज्य के विकास के लिए योजनाएँ बनाकर उन्हें कार्य रूप में परिणत किया जाना चाहिए था, वैसा नहीं हुआ। राजनीतिक गतिविधियाँ जनता के अनुकूल न होकर शोषण करनेवाली सिद्ध हुईं। साथ ही राजनीति के साथ आर्थिक शक्तियों के मिल जाने से जहाँ शासक-वर्ग स्वार्थ सिद्धि में लग गया, वहीं जनता की स्थिति और माँगों पर कोई ध्यान नहीं दिया गया। यह एक ऐसा राज्य है, जिसे अनेक दृष्टियों से अति संवेदनशील माना जाता है। अत: ऐसे क्षेत्र में विकास का आधारभूत ढाँचा उसी समय खड़ा कर देना चाहिए था, जब यहाँ की जनता ने अपने भविष्य को संघ राज्य के साथ नत्थी कर दिया था, किन्तु ऐसा नहीं हुआ।

मणिपुर में युवाओं की संख्या 1991 की जनगणना के अनुसार 37.52 है। यह संख्या दस लाख के लगभग बताई जाती है। एम्लोइमेन्ट एक्सचेज में पंजीकृत बेरोजगारों की संख्या 30 नवम्बर, 2009 तक 6.65 लाख पहुँच गई है।[1] यह कम दुर्भाग्य का विषय नहीं है कि इस राज्य के युवक रोजगार के अभाव में मारे-मारे घूमते हैं। शिक्षा के क्षेत्र में गुणवत्ता प्रधान शिक्षा-प्रणाली के प्रति ठोस प्रयास देखने को नहीं मिलते। वैसे भी उच्च शिक्षा ही नहीं माध्यमिक शिक्षा के लिए भी यह राज्य लम्बे समय तक दूसरे राज्यों पर निर्भर रहा है। ऐसी स्थिति में जन मानसिकता विशेषकर युवा मानसिकता की विस्फोटकता का अंदाजा लगाना कठिन नहीं है। असहाय स्थिति में सरकार के कानों तक अपनी आवाज पहुँचाने के लिए युवा-वर्ग ने पहले तो विरोध प्रदर्शन की सामान्य भाषा का प्रयोग किया किन्तु जब बात भूख और बेरोजगारी की सब सीमाओं को पार कर गई तो प्रतिरोध ने भी अपनी प्रचलित मर्यादाएँ और सीमाएँ तोड़ दीं।

मणिपुर की तरह ही मिजोरम भी भारत के पूर्वोत्तर का बहुत ही छोटा-सा राज्य है। भारत का सीमान्त क्षेत्र होने के कारण जहाँ यह असम, त्रिपुरा और मणिपुर राज्यों से जुड़ा है वहीं म्याँमार तथा बंगलादेश जैसे देशों से भी जुड़ा है। आठ जिलों वाले इस राज्य का क्षेत्रफल 21018 (इक्कीस हजार इक्यासी) वर्ग कि.मी. है, जो प्रमुखत: पर्वतों से भरा है। 2001 की जनगणना के अनुसार यहाँ की जनसँख्या 891,058 है। इस राज्य में भी अर्थ-व्यवस्था का प्रमुख आधार कृषि है। पर्वतीय क्षेत्र होने के कारण यहाँ मुख्य रूप से झूम खेती का प्रचलन है। यहाँ मिजो जनजाति की विभिन्न उपजनजातियाँ लुशाई

(लुशई), राल्ते, मार(म्हार) फानाइस, त्लाङ्लाट्स, घाङ, पोवी, लाखेर (मारा) आदि सौहार्दपूर्वक रहती हैं। लेकिन इसका अर्थ यह नहीं लगाया जाना चाहिए कि इस राज्य का विकासपरक वातावरण भी संतोषजनक और सौहार्दपूर्ण रहा है। मिजोरम की राजधानी आइजोल को छोड़ दिया जाए तो वहाँ सम्पर्क मार्गों की हालत आज भी ठीक नहीं है। अनेक स्थानों पर पहुँचने के लिए मीलों पैदल चलना पड़ता है। शिक्षा की हालत यह है कि वहाँ 21वीं शताब्दी के पहले दशक में केन्द्रीय विश्वविद्यालय बनाया गया है। लोगों के पास रोजगार के साधन बहुत कम हैं और रोजगारोन्मुखी कही जा सकनेवाली योजनाओं का कार्यान्वयन नहीं के बराबर है। हम कल्पना कर सकते है कि विकास के मूल ढाँचे के अभाव में यहाँ के लोगों की मनोदशा क्या रही होगी और आज भी क्या होगी।

मणिपुर और मिजोरम के विषय में राजनीतिक, आर्थिक और सामाजिक दृष्टि से सामान्य सूचनाएँ यह सिद्ध करती हैं कि इस दोनों राज्यों की जनता ने कभी भी वास्तविक आजादी का स्वाद नहीं चखा। हमें याद रखना चाहिए कि आजादी के सम्बन्ध में महात्मा गाँधी, राममनोहर लोहिया जैसे महापुरुषों की धाराणाएँ केवल राजनीतिक सीमा में बँधी हुई नहीं थी; बल्कि उनका विस्तार आर्थिक, सामाजिक और सांस्कृतिक क्षेत्र तक था। आजादी के सम्बन्ध में इसी प्रकार की परिकल्पना साहित्यिक और सांस्कृतिक क्षेत्र के महापुरुषों जैसे रवीन्द्रनाथ ठाकुर सुब्रमण्यम भारती, योगी अरविन्द, लमाबम कमल, लक्ष्मीनाथ बैजबरूआ आदि ने भी की थी। यहाँ हम बाबा साहेब अम्बेडकर, लोकप्रिय गोपीनाथ बरदोलई और हिजम इरावत का विशेष रूप से उल्लेख कर सकते हैं, जिन्होंने अपने-अपने क्षेत्रों में आजादी को राजनीतिक से कहीं अधिक सामाजिक, सांस्कृतिक और आर्थिक सन्दर्भों से जोड़ा था। इन लोगों का स्पष्ट मानना था कि सामाजिक एवं आर्थिक मुक्ति के बिना राजनीतिक मुक्ति का कोई अर्थ नहीं है। इसीलिए इन महापुरुषों के लिए भारत की वह आजादी अधूरी थी, जिसे कुछ लोगों ने पूरी आजादी मानकर जश्न मनाने और सत्ता हथियाने का नाटक किया था। आधुनिक भारत का इतिहास और वर्तमान देखने से यह साफ समझ में आ जाता है कि हमारे देश की साधारण जनता अभी भी आजादी के दर्शन के लिए तरस रही है, क्योंकि आज भी उसे रोटी, कपड़ा और मकान की समस्याओं से जूझना पड़ रहा है और कहीं से भी रोशनी की असली किरण दिखाई नहीं दे रही है। इसमें सबसे बुरा हाल सीमान्त राज्यों खासकर पूर्वोत्तर के राज्यों का है। इस सच्चाई को आद्धार बनाकर हमें एक ठोस संकेत यह करना है कि खतरा बहुत बढ़ गया है, क्योंकि जनता ने अपने असंतोष को कठिन भाषा में और हिंसक तरीकों से प्रकट करना शुरू कर दिया है। हमारे विचार के केन्द्र में समग्र पूर्वोत्तर में परिव्याप्त असंतोष की समस्या है, जिसे गहराई से समझने के लिए हमने मणिपुर व मिजोरम को

'लेबोरेटरी स्टेट' के रूप में चुना है। इन दो राज्यों को केन्द्र में रखकर अध्ययन करने से यह बात सामने आती है कि मणिपुर में असंतोष को बन्दूकों के माध्यम से प्रकट करनेवाले संगठनों की काफी बड़ी संख्या है। एक समय मिजोरम में भी बड़े-बड़े संगठन थे। अकेले मणिपुर में तीस से अधिक संगठन हैं- पीपल्स लिबरेशन आर्मी/पी.एल.ए., यूनाइटेड नेशनल लिबरेशन फ्रंट/यू., एन.एल.एफ.,पीपल्स रिवोल्यूशनरी पार्टी ऑफ कङ्लैपाक/प्रीपाक, कङ्लै याओल कन्नालुप (ओकेन)/(के.वाई.के. एल./ओ), कङ्लै याओल कन्नालुप(तोइजाम्बा)/ के.वाई.के. एल./टी), नेशनल सोशयलिस्ट काउंसिल ऑफ नागालैंड(खपलाङ)/(एन.ए.सी.एन./के), नेशनल सोशयलिस्ट काउंसिल ऑफ नागालैंड (इस्साक मुइबा) एन.ए.सी.एन.(आई.एम), कूकी नेशनल फ्रंट (मिलिटेरी काउंसिल)/ के.एन.एफ.(एम.सी.), कूकी नेशनल फ्रंट (प्रसिडेंट) (के.एन.एफ./पी), कूकी नेशनल फ्रंट/जोगम (के.एन.एफ.जेड), म्हार पीपल्स कन्वेन्शन (डेमोक्रेसी) (एम.पी.सी. /डी), कोमरेम पीपल्स कन्वेन्शन(के.आर.पी.सी.), यूनाइटेड कूकी लिबरेशन फ्रंट(यू.के.एल.एफ), कूकी-खोङसाइ लिबरेशन आर्मी (के.के. आर.एफ.), जोमी रिवोल्यूशनरी आर्मी (जेड.आर.ए.), कूकी सेक्यूरिटी फोर्स (के.एस.एफ.), कङ्लैपाक कम्यूनिस्ट पार्टी (के.सी.पी.), कङ्लैपाक लिबरेशन ऑर्गनाइजेशन (के.एल.ओ.), इरैपाक कन्बा लुप (आइ.के.एल.), पीपल्स रिपब्लिकन आर्मी (पी.आर.ए.),पीपल्स यूनाइटेड रिबरेशन फ्रंट(पल्फ), नार्थ-ईस्ट माइनॉरिटी फ्रंट (एन.ई..एम.एफ.), म्हार रिवोल्यूशनरी फ्रंट (एच.आर.एफ.), मणिपुर पीपल्स रिवोल्यूशनरी फ्रंट (एम.पी.आर.एफ.), इंडो-बर्मा रिवोल्यूशनरी फ्रंट (आइ.बी. आर.एफ.), रिवोल्यूशनरी जोइंट कमिटि (आर.जे.सी.), यूनाइटेड इस्लामिक लिबरेशन आर्मी (यू.आई.एल.ए.),[2] क्रियाशील बताए जाते हैं। जहाँ तक मिजोरम का प्रश्न है, वहाँ हम मिजो नेशनल फ्रन्ट के इतिहास से अच्छी तरह परिचित हैं। इसके अतिरिक्त मिजो अकोर्ड इम्प्लीमेन्टशन कमिटि, म्हार पीपल्स कन्वेन्शन (डेमोक्रेसी) ब्रू नेशनल लिबरेशन फ्रन्ट आदि भी चर्चा में रहे हैं।

ध्यान से देखा जाए तो एक चौंकानेवाला निष्कर्ष यह सामने आएगा कि इन दोनों राज्यों में चलनेवाली विद्रोही गतिविधियों ने बहुत गहरा प्रभाव यहाँ के सामाजिक और सांस्कृतिक जीवन पर डाल दिया है। ऐसा इसलिए है कि इन दोनों ही राज्यों की स्वतन्त्र सांस्कृतिक अस्मिता है, जिसके विकास का सुदीर्घ इतिहास है। वर्तमान परिस्थितियों में दोनों ही राज्यों में सांस्कृतिक पहचान के साथ खतरनाक छेड़-छाड़ करने की आशंकाएँ बढ़ गई हैं जिन्होंने लोगों के सामाजिक व्यवहार, बातचीत, काम करने के ढंग, यहाँ तक कि व्यवहार में आनेवाली भाषा तक को प्रभावित करना शुरू कर दिया है। कहा जा सकता है कि जैसे-जैसे सांस्कृतिक पहचान का संकट बढ़ता जा रहा है वैसे-वैसे विद्रोही

गतिविधियों को आधार भूमि मिल रही है और आम जनता की मनोदशा में भय व्याप्त होता जा रहा है। इस खतरे का आकलन इस तथ्य से कर सकते हैं कि दोनों ही राज्यों में विद्रोही गतिविधियों के प्रभावों को व्यक्त करने के लिए लेखक आगे आ गए हैं। जब मिजोरम में विद्रोही गतिविधियाँ चरम पर थीं तो वहाँ जनजातीय बोलियों में जो थोड़ा-बहुत लिखा जा रहा था, उसमें इन प्रभावों की गंध थी। इधर मणिपुरी साहित्य में तो कई दशक पहले से ही विद्रोही गतिविधियों के सामाजिक, आर्थिक, सांस्कृतिक और मनोवैज्ञानिक प्रभावों के केन्द्र में रखकर साहित्य- रचना की जा रही है। क्या कविता क्या कहानी, क्या उपन्यास सभी में लेखक अपनी प्रतिक्रियाएँ दे रहे हैं। जब कोई विद्रोही गतिविधि या परिवर्तन साहित्य में अपनी जगह बना लें तो माना जाना चाहिए कि उसकी ओर पूरे समाज का ध्यान जाना अनिवार्य हो गया है। अब समय है कि साहित्य में जो कुछ है, उसके जरिए विद्रोही गतिविधियों की जड़ों की तलाश की जाए ताकि मनुष्य को बचाया जा सके और स्वाधीनता के अर्थ को समझा जा सके। हमारे मूल विषय के अनुसार मणिपुरी और हिन्दी में उपलब्ध साहित्य के माध्यम से इस लक्ष्य को पाना अभीष्ट है। इसके लिए हमने मणिपुरी और हिन्दी के एक-एक उपन्यास को चुना है, ये हैं :

1. लैकङ्ला (मणिपुरी) : वरकन्या
2. जहाँ बाँस फूलते हैं (हिन्दी) : श्रीप्रकाश मिश्र

यद्यपि मणिपुरी भाषा के प्रारम्भिक उपन्यासों में उग्रवाद कहीं नहीं है। डॉ० कमल के माधवी हो गया ख्वाइराकपक चाओबा का लबंगलता, आदर्श, त्याग और बलिदान की ही कथा कहनेवाले हैं। आगे चलकर पूर्णतः नहीं तो आंशिक रूप से विद्रोह की अभिव्यक्ति होने लगी। अरिबम चित्रेश्वर शर्मा का थरोशङबी, बी. एम. माइस्नाम्बा का काङला डायरी तथा कान्देश का इचेलदूरी मताइता में यह प्रवृत्ति देखने में आई। वरकन्या के उपन्यास 'लैकङ्ला' अर्थात् रेगिस्तान ऐसा ही एक उपन्यास है जो पूर्ण रूप से विद्रोह और विद्रोहियों के सम्बन्ध में गहरी पैठ रखता है।

वरकन्या ने अपने उपन्यास के प्रारम्भ में अपनी बात कहते हुए लिखा है कि "इस उपन्यास को मैंने 1980 में लिखा था और उसी साल पूरा भी कर लिया था परन्तु अब इसे दुबारा देखा तो वैसा संतोष नहीं मिला, जैसा उस समय मिला था। 1980 का दशक विद्रोहियों की तीव्र गतिविधियों का काल रहा है। अपने कार्यक्रमों से लोगों के दिलों को जैसे बहाकर ले जाने का सामर्थ्य था, परन्तु इन कुछ वर्षों में लोग मीडिया के माध्यम से या चौपाल में (लैपुङ) विद्रोहियों के कार्यों की आलोचना करने लगे हैं। इस उपन्यास में विभिन्न स्थलों को उठाया गया है।

हम मनुष्य हैं, सुख-दुःख, पसन्द-नापसन्द या स्वीकार्य, अस्वीकार्य महसूस करते

हैं। स्वाधीनता से जीने के लिए संविधान द्वारा प्रदत्त फ्रीडम ऑफ स्पीच, फ्रीडम ऑफ एक्सप्रेशन में कहाँ तक और कितना मिल रहा है? हम साधारण लोग इंडियन आर्मी और विद्रोहियों के बीच जैसे दो पाटों के बीच कष्ट से जी रहे है। इसके बारे में कौन विचार कर रहा है?''[3]

वरकन्या ने अपने उपन्यास 'लैकङला' में कथक्कङ और फ्लैश बैक(पूर्व स्मृति) शैली को अपनाया है। विद्रोही नायक अपने बचपन की साथी अशङशी अर्थात थरोशङबी को अपने अनुभव सुनाता है। उपन्यास का मुख्य पात्र अपने बचपन से लेकर जवानी तक की घटनाओं, कॉलेज के दिनों में एम.सू गतिविधियों, फिर पढ़ाई पूरी कर नौकरी की तलाश में दर-दर इन्टरव्यू देने जाने, इन्टरव्यू बोर्ड से उलझने, उसकी माँ को जीवन भर यातना में जीने के लिए विवश करनेवाले डी. आई जी. सोना की हत्या कर देने, विद्रोही गुट में शामिल होकर ट्रेनिंग के लिए बांग्लादेश पहुँचने, विभिन्न कष्टों का सामना करने, भारतीय तथा बर्मी सेना से मुठभेड़, दूसरी तरफ विद्रोह के नाम पर जनता के साथ अन्याय करने वालों के साथ तथा जनता पर अत्याचार करने वालों, रुपए ऐठने वालों और असामाजिक तत्त्वों के साथ संघर्ष को सुनाते हुए अपने ही अन्तर्विरोधों पर विचार करता है। स्पष्ट है कि उपन्यास बीस सालों में अपना वर्तमान रूप प्राप्त कर सका और निश्चय ही सोचने को मजबूर करता है।

श्री प्रकाश मिश्र समाजवादी विचारधारा के समर्थक हैं। वे मूलत: कवि और कथाकार हैं। सरकारी सेवा के दौरान उन्हें मिजोरम में रहने का अवसर मिला। वे दस-बारह साल वहाँ रहे। लेखक होने के नाते उन्होंने वहाँ की समाज-सांस्कृतिक परिस्थितियों को नजदीक से जानने के साथ-साथ अपना समय उन्होंने वहाँ की भौगोलिक और ऐतिहासिक परिस्थितियों में समझने में लगाया। उन दिनों वे वहीं थे जब विद्रोह अपने चरम पर था। लालडेङा विद्रोह का नेतृत्व कर रहे थे और राजीव गाँधी के साथ समझौते की सम्भावनाएँ बन रही थीं। अत: उन्होंने मिजोरम में व्याप्त कठिनाइयों को निकट से देखा था, झेला था। उनके मन में मिजोरम की इस समस्या को सबके सामने लाने की इच्छा हुई और बेबाक ढंग से उन्होंने अपनी बात कही। इस तरह की तेजाबी सच्चाई वाले उपन्यास हिन्दी साहित्य में कम ही देखने को मिलते हैं। इस उपन्यास में उन्होंने मिजोरम की विद्रोही गतिविधियों के विश्लेषण के माध्यम से समस्त पूर्वोत्तर में व्याप्त इस समस्या का सच्चा चित्र प्रस्तुत किया है।

'जहाँ बाँस फूलते हैं' का कथातत्व उस मिजो समाज से ग्रहण किया गया है, जहाँ पचास साल की आवृत्ति से बाँस के फूलने के कारण अकाल पड़ता है। मिजो में यह मान्यता प्रचलित है कि जब बाँस फूलते हैं, तो उसकी जड़ों को खाकर चूहे खूब बच्चे पैदा करते हैं और ये चूहे मेहनत से उगाई हुई फसलों को नष्ट कर देते हैं और इसके

परिणामस्वरूप दाने-दाने के लिए लोगों को तरसना पड़ता है। भुखमरी और बेकारी से जूझते मिजोरमवासी पेट की आग बुझाने के लिए हाथ में बन्दूक उठा लेते हैं। इस कृति में लालडेङा के नेतृत्व में विद्रोह अपना रूपाकार ग्रहण करता है।

उपन्यास में वर्णित विद्रोहियों में प्रमुख हैं- लालदोला, भुचेङा, ङूरचुइया, रूआलखूमा जो विद्रोह को संचालित करने का काम करते हैं। विद्रोह तथा विद्रोहियों की वास्तविक स्थिति पर चिंतन करते हैं और आत्मसमर्पण के लिए ङूरचुइया लालदोला के सामने अपना मत रखता है कि अपनी लड़ाई को जारी रखने के लिए यही रास्ता रह जाता है कि विद्रोही अपने-अपने गाँव लौट जाएँ। विद्रोही मालसोम का प्रभाव भी कम नहीं है। पढ़ा-लिखा है और दस गाँवों तक उसकी धाक है। यह भी लालडेङा के स्वयंसेवकों की भारती में प्रमुख भूमिका निमाता है। भोगिन्दर झा जैसा चरित्र भी है जो बिहार का रहने वाला है और गुप्तचार विभाग में कार्यरत है। सूचनाएँ पाने के लिए उसने न केवल मिजो भाषा सीखी,बल्कि वह वहाँ की समाज-सांस्कृतिक परम्पराओं को भी खुलकर जीता है। इसमें माइकल जैसा चरित्र भी है जो तहे दिल से मिजोरम में शान्ति लाना चाहता है और इसके लिए प्रयत्नशील है।

सन् 1947 में देश की आजादी के तुरन्त बाद 1950 बाद संविधान लागू हुआ। लोकतान्त्रिक प्रक्रिया की विधिवत शुरुआत के लिए चुनाव हुए। पंचशील योजनाएँ शुरू हुईं और साहित्यिक, सांस्कृतिक तथा कलात्मक विकास के लिए कई संस्थाएँ खड़ी की गईं। यह कोशिश भारत को सचमुच आधुनिक भारत बनाने और जनता को समृद्ध बनाने की कोशिश थी, लेकिन हम जानते हैं कि इसका कोई सार्थक परिणाम नहीं निकला। विकास की योजनाएँ या तो उन तक पहुँची ही नहीं, जो वास्तव में इसके हकदार थे या जिसकी वास्तविक जरूरत थी या फिर ये कागजों तक ही सीमित होकर रह गईं। अत: बिचौलियों के ही पौ-बारह होते रहे। सत्ताधारियों की अदूरदर्शिता का लाभ सरकारी अधिकारी, छुटभैये नेता और दलाल उठाते रहे। परिणामस्वरूप विकास की नीतियों और भ्रष्टचार का ऐसा सम्बन्ध बना कि भारत की पिछड़ी जनता के लिए अपनी गरीबी, लाचारी और विवशता से लड़ते हुए, जीवित रहने के लिए संघर्ष करने के सिवाय कुछ न बचा। जीवन-संघर्ष में जब जनता भूखों मरने लगी, तो भूख के स्थाई हल खोजने के बजाय अस्थाई रूप से रोटी की व्यवस्था का ढोंग कर दिया गया। देश की हर समस्या के समाधान के लिए यही तरीका अपनाया जाता है। भला इस तथ्य से कौन अपरिचित होगा कि सन् 2011 में नए जनपद के गठन जैसी एक राजनीतिक-प्रशासनिक माँग को लेकर परस्पर विरोधी विचार रखनेवाले संगठनों ने मणिपुर की जीवन-रेखा कहे जानेवाले राजमार्ग सं. 39 और 53 पर 80 दिनों तक यातायात को पूरी तरह प्रतिबंधित रखा और शासन तथा सरकार इस प्रतिबंध के विरुद्ध कोई भी कदम उठाने में असफल रहे। तीन

महीने तक मणिपुर की जनता भोज्य पदार्थो से लेकर चिकित्सा और ईंधन जैसी दैनिक मूलभूत आवश्यकताओं के सामान के अभाव में तड़प-तड़पकर जीने को विवश बनी रही और केन्द्र व राज्य की साधनसंपन्न सरकारें केवल तमाशबीन बनी रहीं। इतना जरूर हुआ कि एक दो बार केन्द्र की ओर से कार्गो प्लेन में सामान भेजा गया। किन्तु वह सामान किसे मिला, निर्धन व्यक्ति नहीं जान पाया। सवाल यह है कि पुलिस और तमाम अन्य सैन्य-बल का मालिक की तरह अपने स्वार्थों के लिए, प्रयोग करनेवाली सरकारें जनता के जीने का सवाल आने पर हाथ धरे क्यों बैठी रही?

राष्ट्रीय विकास के नाम पर जो दिशाहीन नीतियाँ बनती रहीं उनके असंख्य दुष्परिणाम सामने आए। उन दुष्परिणामों से जनता में आक्रोश उत्पन्न हुआ। विकास के अभाव में यह असंतोष में बदला और अन्ततः इसने सशस्त्र विद्रोह का रूप धारण कर लिया। भारत का पूर्वोत्तर क्षेत्र प्रमुख रूप से इस समस्या से जूझ रहा है। यह संकट वास्तव में अपनी अस्मिता की पहचान, असुरक्षा की भावना तथा विभिन्न क्षेत्रों में विकास की कमी के कारण है। भौगोलिक दृष्टि से पूर्वोत्तर के राज्य भारत की मुख्यधारा से कटे हुए से हैं ही; भाषा-बोली की भिन्नता ने इस दूरी को और बढ़ाया है। यह कहना गलत न होगा कि इस क्षेत्र के विकास के लिए अपेक्षित ध्यान नहीं दिया गया। ग्राम-विकास की तमाम योजनाएँ यहाँ तक पहुँच ही नहीं पातीं, कुछ पहुँचती भी हैं, उनका कार्यान्वयन ठीक से नहीं हो पाता। इस कारण कई राज्य कई मायनों में पिछड़े हुए हैं। यह पिछड़ापन विद्रोह के मूल में एक ठोस वजह भी है। 'जहाँ बाँस फूलते हैं' में दिखाया गया है कि दोला कई वर्ष मिजोरम से बाहर रहा फिर 'वतन आया तो उसकी हालत अजीब हो गई। अब तक वह वाइरमा को मिजो की नजर से देखता था, अब वह मिजोरम को वाई की नजर से देखने लगा। उसे लगा कि मिजोरम पिछड़ा है, गवाँर है। दुःखी है, दरिद्र है, इसे बदलना चाहिए। इसे बदलना तो वाई भी चाहता है। पर वाई भी दो हैं- एक तो सरकार है जो नीति बनाती है; उन्हें वैसा ही छोड़ दो, सिर्फ उन्हें लिखाओ-पढ़ाओ और आरक्षण के बदौलत नौकरी दो। सुरक्षा के लिए जरूरी हो तो सड़कें बनवा लो। लोग वाकई भूखों मरने लगे तो थोड़ा अन्न पहुँचा दो। किन्तु इन्हें छेड़ों नहीं। एक विशाल गणतन्त्र की विरासन 'एकता में अनेकता' के उदाहरणस्वरूप उसकी जीवन पद्धति अक्षुण रखो। एन्थ्रोपोलोजिकल म्यूजियम के पीस के रूप में। दूसरा इस नीति को क्रियान्वित करनेवाले दल हैं जो विकास के लिए मिले पैसे अपनी जेब में रख लेता है; यहाँ का अदरक चावल मिट्टी के मोल ले जाकर अपने वतन में सोना बनाता है, यहाँ के सुरा-सुन्दरियों का उपयोग इस प्रकार करता है कि जैसे मिजोरम उसकी जमींदारी हो, उपनिवेश हो और वह उस उपनिवेश का एक मात्र मालिक।''[4]

इस तरह अन्याय अत्याचार का सिलसिला चलता रहा। इसकी परिणति का दर्शन

लेखक ने माइकल के माध्यम से कराया है। उसे पता चलता है कि "लगातार फसल की तबाही और विपदा की लम्बी रातों के बाद मिजोरम की जनता निराह हो गई थी। अन्न की भीषण कमी के कारण लुशाई हिल्स के मात्र दो गाँवनुमा कस्बों लुङ्लई और आइजोल में भीड़ बढ़ गई थी। ये कस्बे लोफरों और भिखारियों से भरे पड़े थे, जो चर्च तथा सरकार द्वारा चलाए जा रहे सदाव्रत से एक मुट्ठी भात और एक प्याला उबले सरसों के पानी की तलाश में इधर से उधर घूम रहे थे। आइजोल में तो आलम यह था कि भुख्खड़ों की जमात पुलिस के तमाम नियन्त्रण के बावजूद विद्रोह पर आमादा हो जाया करती थी।"[5] शोषण के इस क्रम का भयंकर रूप धारण कर लेना स्वाभाविक था। यह ऐसी समस्या थी जिसका तत्काल समाधान खोजा जाना चाहिए था,पर ऐसा नहीं हुआ। इससे असंतुष्ट लोगों की संख्या बढ़ती गई। इसमें कोई दो राय नहीं विरोध अन्याय और अत्याचार के विरुद्ध ही उभरता है। क्योंकि मानव स्वभावत: शान्तिप्रिय होता है और हर सम्भव इसी कोशिश में होता है कि अपने आस-पास के परिवेश को भी शान्तिपूर्ण बनाएँ। पर जब अन्याय-अत्याचार का सिलसिला चलता है तो विरोध की स्थिति स्वत: आ जाती है। अपने साथ होनेवाले अत्याचार का बोध होता है तो अपने से ही सवाल करता है कि वह आखिर इतना अन्याय-अत्याचार क्यों सहें? और यदि व्यक्ति या समाज का अतीत गौरवशाली हो तो उस विचार को और पुष्ट करने वाला सिद्ध होता है। अपने अतीत और वर्तमान के बीच दूरी देखता है, तो व्यक्ति विक्षोभ से भर उठता है। अपनी अस्मिता और अपनी पहचान की ललक उसे बेचैन करने लगते हैं। 'लैकङ्ला' का नायक कहता है, "हम अकेले खड़े थे। न तो हम पर किसी का आधिपत्य था और न हमारी जाति किसी के सहारे की मोहताज थी। अब सारे गुण क्षीण पड़ते जा रहे हैं। हम कौन हैं? यह भी भूलते जा रहे हैं। निर्दय शासक हमें अधीन और अपने तलवे चाटने वाले गुलाम बना रहे हैं। क्या ऐसा सम्भव है? व्यक्ति के अधिकार छीने जाने के विरुद्ध हम विद्रोह कर रहे हैं।"[6] जो व्यक्ति अपने अस्तित्त्व के प्रति सजग है वह कभी किसी की गुलामी नहीं कर सकता। इसी उपन्यास में नायक यही मत प्रकट करते हुए कहता है, "यहाँ मुझे आजीवन कारावास मिला हुआ है। आदमी होने के नाते अपने अधिकारों की माँग करने और अपनी जाति और भावी पीढ़ी के लिए रास्ता बनाने के कारण ही आज मैं यहाँ पड़ा हूँ। ब्रिटिश द्वारा जो एक्ट लागू किए गए थे, उन्हें ही हम पर लागू करके हमें उठने तक के मौके नहीं दे रहे। जानकर अनजान बने हुए हैं। बाह्य शरीर को भले ही आसानी से काबू पा सके, अन्तर्मन की स्वतन्त्र्य की इच्छा को कभी किसी भी शक्ति द्वारा नियन्त्रण नहीं किया जा सकता।"[7] ऐसा इसलिए क्योंकि विद्रोही अपने मन में स्वस्थ और भावी समाज की दृढ़ कल्पना लिए चलता है। कुछ सिद्धान्त, कुछ आदर्श के आधार पर वे अपनी कार्य-पद्धति तैयार करते है। अपने कर्तव्य का निर्धारण करते हैं। 'लैकङ्ला' में ही नायक अपने उद्देश्यों और

जिम्मेदारियों का वर्णन करते हुए कहता है, ''समतामूलक समाज का निर्माण करना है। भेदियों, हमारी अस्मिता को बिगाड़ने की कोशिश करने वालों को मूलत: खत्म करना, इस भूमि पर परजीवी बने अपनी जड़ें गहराई तक जमाए खड़े हैं, लाभ के लिए कुछ भी कर गुजरने वाले को पाठ पढ़ाना। आम लोगों के जीवन को दमन करनेवाले भ्रष्टाचारियों और मनुष्य के हक छीनने वालों को सजा देनी है।''[8]

समाज में व्यवस्था के नाम पर अव्यवस्था फैलाने वाले के प्रति इतने आक्रोश का कारण भी शोषण ही है। जिस स्थिति का सामना व्यक्ति स्वयं करता है, जिस अत्याचार को झेलता है, जिस मानसिक यातना से उसे गुजरना पड़ता है, उसे आसानी से नहीं भुलाता। 'लैकङला' का नायक भी नहीं भूलता, तभी तो अपने साथी से कहता है, ''तुम्हारा कहना मानकर कितनी ही प्रतियोगी परीक्षाओं में बैठा। पर नोटिस बोर्ड पर लगी परिणाम की लिस्ट में अपना नाम कभी नहीं देख पाया। भाग्यशाली लोगों का नाम पढ़कर लौट आता था।''[9] अपना नाम कभी न पढ़ पाने की विवशता इसलिए क्योंकि भ्रष्ट अधिकारियों से खुश करने की खूबी उसमें नहीं थी। इन्टरव्यू के समय भी वह अधिकारियों से उलझ पड़ता है और कहता है, ''ये लोग केवल दिखावा कर रहे थे। मोल दे सकने वाला नहीं है, देने वाला भी नहीं है, जानकर केवल बेवकूफ बनाकर भेज देना चाहते थे।''[10] इससे सरकारी अधिकारों की कार्यपद्धति का पता चलता है कि कैसे जिम्मेदार लोग गैर जिम्मेदार होकर ऐसी स्थिति उत्पन्न कर देते हैं, जिसका परिणाम कभी सकारात्मक नहीं हो सकता। इससे लोगों में निराशा और आक्रोश ही बढ़ेगा। ऐसा नहीं है कि सरकार के सभी अधिकारी भ्रष्ट हैं, परन्तु जब भ्रष्ट अधिकारियों की एक जमात इकट्ठी हो जाती है तो भ्रष्टाचार का सिलसिला चलने लगता है। ऐसे ही अधिकारियों के लिए 'लैकङला' में कहा गया है-''एक सिर फोड़ेंगे तो ठीक वैसा ही दूसरा सिर उग आएगा। कुछ बदलने वाला नहीं। बहुत ही कठिन समय है। हर क्षेत्र से निराशा ही मिल रही है।''[11] शक्ति हाथ में आते ही अधिकारी एक जैसा ही बर्ताव करने लगते हैं। इसके चेहरे अलग-अलग हैं, पर दिमाग जैसे एक ही भट्ठी के साँचे में ढलकर पके हों। दोष यहाँ सरकारी पुर्जों का ही नहीं है। हम लोगों में कार्य संस्कृति को जो कमी है, उसका भी दोष है। कम मेहनत करके पूरा पाने की इच्छा से काम करने पर स्तरीय काम नहीं हो पाता। दूसरी तरफ अधिकारी को भी मनमानी करने का पूरा अवसर दे देते हैं, परन्तु समय आने पर 'जहाँ बाँस फूलते हैं' के कृष्णन जैसे व्यक्ति अपने को पाक-साफ बचा लेने की तिकड़म भी भिड़ा लेते हैं। वह कहता है, ''तो इसमें मेरा क्या दोष है? गाँव बूढ़ा से सौ मजदूर माँगों तो वह दस देता है। ये दस कहते हैं कि सौ की हाजिरी भरो। फिर वे एक घंटा भी काम नहीं करते और कहते हैं कि सड़क बन गई, ऐसा अपने कागज में लिख लो, कौन देखने आता है? और अगर कोई आता है तो वह भी वाई होगा। उसे थोड़ा घूस दे फुसला लेना। हाँ, हमें मजदूरी नकद

दो। हमें वाई चावल नहीं खाना। अब तुम्हीं बताओ मेरा दोष क्या है? "[12] परन्तु आक्रोश से लबालब जनता घातक प्रवृत्तियों के विकास की और बढ़ती है तो प्रलय मचाकर रहती है। कृष्णन को भी इस तरह का अंजाम भुगतना पड़ता है। भूख प्यास से भड़की हुई जनता बाँस की सूली बनाकर उसमें गर्दन फँसाकर सड़क पर टाँग देती है। वह तड़प-तड़पकर मरता है।

यह तत्थ किसी को भी आश्चर्य में डाल देने वाला है कि समग्र पूर्वोत्तर क्षेत्र में 66 (सड़सठ) से भी अधिक विद्रोही संगठनों की गतिविधियाँ जारी हैं।[13] अकेले मणिपुर में तीस से भी अधिक विद्रोही संगठन सक्रिय बताए जाते हैं। यह एक तरफ से नेतृत्व की भूख का परिचायक है, वहीं सफलता की तलाश में अपने अलग-अलग रास्ते खोजने की नव-विकसित प्रवृत्ति को भी दर्शाता है। लेकिन यह स्थिति यहाँ के लोगों को प्रश्नाकूल भी बनाती है; कारण यह कि यदि सभी विद्रोही संगठनों का उद्देश्य जनमुक्ति ही है, तो मशरूम की तरह इतने सारे संगठनों के अस्तित्त्व में आने की क्या वजह है? 'लैकङला' में अशङबी यही प्रश्न उठाती है, "क्यों तुम सब एकजुट नहीं हो पा रहे? सभी विद्रोही संगठनों की मंजिल एक ही है, कहते हो न? अपनी मातृभूमि को लोह जंजीरों से मुक्त करना है, यही कहते हो न? फिर क्यों तुम लोग खंड-खंड बिखरे हुए हो, इतना ही नहीं, एक दूसरे को नुकसान पहुँचाने में लगे हो? सभी सोचने लगे हैं कि इसके पीछे कौन सा कारण है।"[14] नित नए संगठनों के नाम सुनकर इन प्रश्नों का उभरना स्वाभाविक ही है और अपने संगठनों को सुचारू रूप से चलाने के लिए विद्रोहियों को पूँजी की जरूरत पड़ती है यह भी एक सच्चाई है। मन में मातृभूमि प्रेम केजज्बे का होना ही काफी नहीं है। भौतिक साधनों की अनिवार्यता को भी नकारा नहीं जा सकता। विद्रोही जिस समाज के लिए लड़ता है, वहीं से आर्थिक सहयोग की आशा भी करता है, लेकिन इस धन को पाना आसान नहीं होता। थोड़ी सी आमदनी से हर दैनिक आवश्यकता की पूर्ति में लगे लोग प्रसन्नता से आर्थिक सहयोग को तैयार नहीं होते। दूसरी तरफ विद्रोही संगठनों की संख्या अधिक हो और कोई संगठन विद्रोह के अपने सिद्धांतों से भटक गया हो, तो भले ही डर से कोई प्रतिक्रिया न करें पर मन से कोई सहयोग नहीं करना चाहता। मणिपुर की स्थिति का खुलासा वरकन्या ने लैकङला उपन्यास में जेल के अधिकारियों की बातचीत से किया है।

> "वेतन मिलने की खुशी कहीं नहीं है। थोड़ी देर में पहुँच जाएँगे,पता नहीं असली है था नकली। एक-दो ही होते, तो बात भी थी। इतने सारे लोगों को पालने लगे तो अपने बच्चों को नहीं पाल पाएँगे।"
>
> "हम जैसे कम वेतन वाले तो उधारी से ही काम चला रहे हैं। वह भी सौ पर सात, आठ या दस रूपए ब्याज के बदले। उधार देनेवाले भी लेनेवाले को

देखकर दर बढ़ाते हैं। कोई-कोई तो ब्याज चुकाने के लिए उधार ले रहे हैं। और जिस दिन वेतन मिलता है उस दिन भी कई तो भूखे ही रह जाते हैं। उनकी हिम्मत तो देखो हमसे भी वसूल करते हैं। लेना है तो उनसे ले जो बड़ा-बड़ा ब्याज लेते हैं।''

बातचीत में एक आगे कहता है, ''जो आते हैं, वे भी नई उम्र के। उनकी माँ-दादी की उम्र के हम लोगों से जिस अंदाज बात करते हैं, उसे जीवन भर नहीं भुला पाएँगे।''[15]

ऐसी स्थिति में आम आदमी दुविधा में ही होता है, कि क्या करे या क्या न करे। विद्रोही संगठनों के लिए भी समानान्तर चलनेवाले नकली विद्रोहियों के संगठन परेशानी पैदा करनेवाले होते हैं। 'लैकङला' में एक विद्रोही कहता है, ''हमारे विरुद्ध, हमें बदनाम करने की कोशिश में लोगों से पैसे वसूल करनेवाली एक पार्टी है। उस दल का नेता किसी विद्रोही संगठन में रहा, आत्मसमर्पण कर चुका एक व्यक्ति है। उसका नाम अचौ है।''[16]

आम आदमी को ऐसे नकली विद्रोहियों से हमेशा खतरा रहता है; क्योंकि उनकी भनक लगने पर सुरक्षा बलों से भी खतरा बढ़ जाता है। 'जहाँ बाँस फूलते हैं' में इसका स्पष्ट चित्र खींचते हुए लेखक ने लिखा है, ''खबर मिली होस्टाइल अपना छटवाँ हिस्सा वसूलने आए हैं। कप्तान हवा सिंह जल गया। उसकी नाक के नीचे आ जाएँ? उनकी यह मजाल? हुक्म दिया, 'पूरे गाँव की तलाशी लो', रूआल खूमा ने सुना तो दहल गया। वह तलाशी का मतलब खूब समझता था। नकदी की लूट, जानवरों की छूट, बेगुनाहों के पास पहुँचा। गिड़गिड़ाया; यह गाँव छोड़ दो। कुछ अपने बचाव में और कुछ रूआल खूमा के प्रभाव में वे गाँव छोड़कर चले गए। और जाते-जाते बोल गए- टैक्स नहीं पहुँचा तो खूमा और गाँवबूढ़ा को बोटी-बोटी काट दिया जाएगा।''[17]

सुरक्षा बलों को किसी भी विद्रोही की उपस्थिति की सूचना मिलती है तो विद्रोहियों की धर-पकड़ के लिए युद्ध स्तर पर काम करने लगते हैं, लेकिन अधिकाशतः होता यह है कि विद्रोही उनके पहुँचने से पहले ही निकल जाते हैं और उस स्थिति का सामना करने के लिए रह जाती है जनता। 'लैकङला' का एक प्रसंग देखिए- ''वे लोग गाँव की नदी के किनारे-किनारे हैक्रूजम होते हुए नम्बोल की तरफ निकल गए। उनके जाने के बाद सिपाहियों से भरी गाड़ियाँ आईं और कॉम्बिंग ऑपरेशन किया गया। अनेक निर्दोषों को पकड़ लिया गया।''[18]

दो तरफा अत्याचार सहते-सहते जनता जब परेशान हो उठी, तो उसने प्रतिक्रिया करनी भी शुरू कर दी। 'लैकङला' के एक प्रसंग में एक्जीक्यूटिव इंजीनियर निल्लो को अगवा करने और हत्या कर डालने का समाचार छपता है तो दुःखी जनता चुप नहीं रहती, ''मीडिया के सहारे विद्रोही संगठन और जनता के बीच सवाल-जवाब होते रहे। एक पक्ष

का कहना था- वह दोषी था, भ्रष्टाचारी था, लोगों से पैसे ऐंठने वाला था, मृत्यु दंड का सही हकदार था। दूसरे पक्ष का कहना था, उसके घर में एक महीना पहले उस संगठन का डिमांड लेटर आया था। उसी सिलसिले में पकड़ ले गए थे और हत्या कर दी। व्यक्ति के लिए जान से प्यारा कुछ नहीं पर अनुचित ढंग से अति की माँग करेंगे तो कोई कहाँ से दे सकता है।''[19]

चाहे जो भी हो समाज में घटनेवाली किसी थी घटना या व्यवस्था में होनेवाले बदलाव का प्रभाव सबसे अधिक स्त्रियों और बच्चों पर पड़ता है। जहाँ दोनों ही तरफ दो शक्तिशाली तत्त्व हों तो दोनों ही अपने से कमजोर पर अत्याचार करने लगते हैं। ऐसी स्थिति में स्त्री ही पिसती है। श्री प्रकाश मिश्र ने 'जहाँ बाँस फूलते हैं' में वर्णन किया है- ''हवासिंह ने फिर खबर भिजवाई तो आने से इंकार कर दिया। उसकी हँसी उड़ाती रही- भला वह भी कोई मर्द है। हवासिंह बार-बार खबर भिजवाता रहा, पर वह नहीं आई। एक रात उठवा लाया, एक सिपाही से अत्याचार करवाया और देखकर पूरे समय आनन्द लेता रहा। हुक्म उदूली की मुकम्मिल सजा पाकर वह बुझ गई। गाँव छोड़कर चली गई।''[20] सोचने की बात है कि उसके गाँव छोड़ देने से सेना के प्रति उसके मन में जो क्रोध, घृणा और प्रतिशोध का भाव जगा होगा, क्या वह कभी गाँव छोड़ पाया होगा? राष्ट्र की सुरक्षा के लिए तैनात सुरक्षा बलों की पहुँच में स्त्रियाँ ही आती हैं और इसी तरह लैकङ्ला के एक प्रसंग में अशङ्बी कहती है, ''हर जगह बाड़ को खेत खाते बार-बार देखा है। लोगों की सुरक्षा के लिए रखी गई सरकार की स्त्रियों की इज्जत के साथ खिलवाड़ करे तो कोई आश्चर्य नहीं होता।''[21] इसी तरह बागी बने लोग भी अपने सिद्धान्तों से भटक जाएँ तो उसका खामियाजा भी स्त्री को भुगतना पड़ता है। 'लैकङला' के एक प्रसंग में बताया गया है, ''खौपुम में घटनेवाली एक घटना का प्रकाशन समाचार पत्र के मुख पृष्ठ पर हुआ-''खौपुम में एक मचान पर विद्रोही से लगने वाले किसी ने एक लड़की की इज्जत रौंद डाली।''[22] 'जहाँ बाँस फूलते हैं' में माइकल से कामी कहती है,''आया था कोई। मुर्गी खाया, दारू पिया, मुझे दो बार घोड़ी बनाकर दो बार मैथुन किया और सुबह चला गया, फटे कपड़े की तरह गाँव त्यागकर। कल देखना ट्राइजंक्शन का पूरा कैंप खाली हो जाएगा।''[23] यह सिद्ध करने के लिए बहुत परिश्रम करने की आवश्यकता नहीं है कि दोनों उपन्यासकारों ने इस यथार्थ को बेलाग ढंग से चित्रित किया है और यह पूरी तरह तथ्यों पर आधारित है। इस प्रकार की अनेक सूचनाएँ घट चुकी घटनाओं के आधार पर उपलब्ध हैं और वे कहीं से भी खोजी जा सकती हैं। मणिपुर के सन्दर्भ में स्त्रियों के विरुद्ध होनेवाले अत्याचारों को जाना जाए तो निम्नांकित सूची से एक तसवीर उभरती है। इस सूची में सुरक्षाबलों द्वारा अंजाम दी गई कुछ घटनाओं का ब्योरा है-

मणिपुर में सुरक्षाबलों द्वारा किए गए अत्याचारों की सूची : [२४]

1.	16/04/80	इरोम बिनो (गर्भवती) पातसोइ	हत्या
2.	18/10/80	एन. तोम्बी लइमराम	हत्या
3.	09/07/81	के.एस.मारथा ग्राम हुइनिङ	बलात्कार
4.	22/02/82	के.पङमला नुङ्बी खुल्लेल	यौन प्रताड़ना
5.	25/02/82	नागालाङमा रमथौ (१२ वर्ष) कल्हाङ ग्राम	अवैध छानबीन
6.	05/03/82	एल. माइरीला पाओरै ग्राम	सार्वजनिक प्रताड़ना, पकड़ रखना
7.	14/03/83	सोइबम धनपति हैराङ्गोइथोङ	हत्या
8.	24/01/83	लुइङमला ङाइमू ग्राम	बलात्कार की कोशिश,हत्या
9.	07/09/87	डी. पोत्सङला ओइनाम सेनापति	मृत्यु
10.	07/09/87	एम.साराह ओइनाम सेनापति	प्रताड़ना के बाद गर्भपात
11.	07/09/87	श्रीमती खोला ओइनाम सेनापति	यातना, सार्वजनिक स्थल पर प्रसव
12.	07/09/87	के. निङथारावोन ओइनाम सेनापति	हिरासत में मौत
13.	15/12/93	लाइश्रम सनाहन्बी कबोकचिङ	तनाव से मृत्यु
14.	18/02/93	थौनाओजम जाओसो उत्लव	हिरासत में मौत
15.	25/02/95	के.एच. लैरिक देवी कुम्बी	गोली की शिकार
16.	02/07/95	पाँच किशोरियाँ थिङखनफाइ	यौन प्रताड़ना
17.	07/07/95	बीस स्त्रियाँ नामतिराम, अजुराम	यौन प्रताड़ना
18.	26/10/95	तोरहिङ चान्देल	बलात्कार

19.	27/11/96	नोरिदा बीबी लिलोङ	यातना, हत्या
20.	17/11/97	रेजिना बीबी लिलोङ	प्रताड़ना

ऊपर जो सूची दी गई है, वह एक बहुत बड़ी सूची से चुनी गई मात्र कुछ घटनाओं का संग्रह है, जिसे यह दर्शाने के लिए प्रस्तुत किया गया है कि जिन शक्तियों के हाथ में जन सामान्य के साथ-साथ स्त्रियों की रक्षा की भी जिम्मेदारी है, उनकी मानसिकता किस प्रकार की है और वे किस निर्लजता के साथ स्त्री को सम्मान सहित जीने के अधिकार से वंचित करते हैं। यह सूची सिर्फ मणिपुर की है। मिजोरम भी विद्रोही गतिविधियों के दौर में इससे अलग नहीं था। जहाँ तक विद्रोह के संचालकों का सन्दर्भ है, उनके विषय में उपन्यासों में वर्णित घटनाओं से पता चल जाता है। हमें यह कहना है कि हिन्दी और मणिपुरी दोनों ही भाषाओं के लेखक यह कहना चाहते हैं कि विद्रोह और उसको कुचलने की कोशिश में लगी शक्तियों के हाथों स्त्रियों को जो भोगना पड़ रहा है, उस पर गम्भीरता से विचार किया जाना चाहिए। समाज व्यवस्था के प्रारम्भिक दौर में स्त्री को रौंदे जाने का एक बड़ा कारण यह था कि रौंदने वाला व्यक्ति या वर्ग यह मानता था कि ऐसा करके वह विरोधी पक्ष का मान-मर्दन कर रहा है। इससे उसे अपनी विजय का अहं तुष्ट होता हुआ प्रतीत होता था। यह पूरी तरह बर्बर कार्यवाही थी, जिसे जंगलीपना कहा जा सकता है। यह स्त्री विरोधी व्यवहार दीर्घ काल तक सामंतवादी मानसिकता से बदा रहा है। कहीं-कहीं आज भी इस अमानवी कृत्य के होने की सूचनाएँ मिल जाती हैं। सवाल यह है कि क्या संगठित सुरक्षाबलों अथवा अन्याय का विरोध करने के लिए विद्रोह के मार्ग पर चलनेवाले लोगों को स्त्री को रौंदने का अधिकार है? आखिर स्त्री उनके लिए सबसे सुविधाजनक शिकार क्यों है? स्त्री शिकार है या मानवाधिकारों से सम्पन्न एक मनुष्य है?

विद्रोही, जो वास्तव में पीड़ितों के पक्ष में रहकर व्यवस्था में बदलाव चाहते हैं, वे सब सुख त्यागकर, सारे मोह से मुक्त होकर एक लक्ष्य लिए आगे बढ़ते जाते हैं। ऐसा करते हुए उनकी मानवीय संवेदनाओं के सोते सूख गए हों, ऐसा नहीं है, तभी तो 'जहाँ बाँस फूलते हैं' में दोला कुछ समय घर रहकर वापस जाने लगता है, तो उसकी बेटी पुई आँखों में आँसू भरकर बोली थी, "कपा! तुम ऐसे ही हमें छोड़कर चले जाते हो, यह कहकर कि अभी आता हूँ..." कुछ क्षण चुप रहकर वह रोकर बोली थी, "तुम अपना बक्सा, रेल, ओखली सब लेते जाओ। गुड़िया भी। हमें नहीं चाहिए।" दोला की आँखें अनजाने ही भर आईं। बाज आए ऐसी जिन्दगी से। अब की घर पहुँचा तो फिर जंगल नहीं लौटूँगा।"[25] ऐसी ही स्थिति 'लैकङ्ला' में भी आती है। बहुत दिनों बाद नायक अपने घर

लौटता है, तो उसकी माँ बहुत खुश होती है, लेकिन उससे बिछुडने की पीड़ा से कह उठती है-"बेटे जिस रास्ते पर चल रहे हो, वहाँ से लौट आओ, मेरे पास हमेशा के लिए आ जाओ। जो तुम कर सकते थे कर चुके हो। मैं भी कमजोर हो चली हूँ। मृत्यु नजदीक है, ऐसे में मुझे छोड़कर न जाओ।"[26] लेकिन विद्रोही दृढ़तापूर्वक अपने मार्ग पर चल देता है। और जब कभी अपनी माँ को याद करता है तो सोचता है-"दूर गोलियों की आवाज सुनकर रात के अन्तिम पहर में द्वार तक दौड़ आती होगी। रास्ते को निहारती होगी। मेरे लौटने की आशा में बिना पलक झपकाए लम्बी रातें गुजारती होगी। कितना कष्ट सह रही है तू माँ! पर तू अकेली नहीं है। इस भूमि की कई माँएँ तेरी ही तरह पुत्र वियोग सह रही हैं।"[27]

इस अध्ययन और विवेचन से एक तो यह बात सामने आती है कि पूर्वोत्तर के असंतोष को समझना पहला कदम है, जिसके लिए लेखकों और उनकी रचनाओं की सहायता ली जानी चाहिए। इसका एक छोटा सा उदाहरण असम की समस्या के सन्दर्भ में इंदिरा गोस्वामी की भूमिका को बनाया जा सकता है। वह प्रयोग निहित ताकतों को पसन्द नहीं आया और बात बन नहीं पाई, लेकिन उसने जन समस्याओं के स्थाई हल खोजने में रचनाकारों की भूमिका को रेखांकित अवश्य कर दिया। ऐसा प्रयोग मणिपुर और मिजोरम सहित पूरे पूर्वोत्तर के सन्दर्भ में किया जा सकता है। 'लैकङ्ला' और 'जहाँ बाँस फूलते हैं' ने असंतोष की जड़ों की ओर साफ संकेत किया है और वह पूरी निष्पक्षता तथा ईमानदारी से किया गया है। उसे पूर्वोत्तर के असंतोष को हल करने की नीतियाँ बनाते समय आधार-स्रोत के रूप में प्रयोग किया जाना चाहिए।

एक अति गम्भीर तथ्य का संकेत इन उपन्यासों में यह प्राप्त होता है कि अब हमें यह सोचना चाहिए कि क्या विद्रोही गतिविधियाँ शान्त करने के जो तरीके हम कई दशकों से प्रयोग में ला रहे हैं, वे कहाँ तक सही और दूरदर्शितापूर्ण हैं? इसके लिए हमें यह समझना होगा कि विद्रोह बन्दूक नहीं है, बल्कि विद्रोह वह विचार है, जो किसी कारण बन्दूक से सहारे सामने आ रहा है। अगर हम उस विचार से डरना छोड़कर उसके बनाने वाले कारणों को समाप्त कर पाएँ, तो हथियार अपने आप ही प्रभाव खो देगा और तब चारों ओर शान्ति होगी। यह हमारी कमजोरी है कि हम विद्रोह के विचार का सामना न करके उससे डर रहे हैं तथा अपने डर को छिपाने के लिए अपनी ओर से कहीं ज्यादा बन्दूकों का सहारा ले रहे हैं। जब तक व्यवस्था बन्दूक के सामने बन्दूक खड़ी करने की नीति पर चलेगी, तब तक उत्तर-पूर्व में विद्रोह को नहीं दबाया जा सकेगा। पूर्वोत्तर क्या, शायद कहीं भी नहीं दबाया जा सकेगा। अध्ययन के लिए चुने गए दोनों उपन्यास इसी तथ्य पर बल देते हैं। यह भी कहना होगा कि इस बात को 'जहाँ बाँस फूलते हैं' के लेखक ने बहुत बेबाकी से उठाया और बिना किसी डर के उठाया, वरकन्या कुछ दबे ढंग से इस बात को

कहती हैं, लेकिन कहती जरूर हैं। यहाँ दोनों लेखकों की जिम्मेदारी भरी भूमिका की सराहना किए बिना नहीं रहा जा सकता।

दूसरी बात यह है कि अब लेखकों को खुले रूप में इस बात पर जोर देना चाहिए, कि सत्ता राजनीति और समाज की समस्याओं के सन्दर्भ में उनकी व्यवहारिक भूमिका को समझे। इससे भी आगे बढ़कर लेखकों को असंतोष पर बेबाक ढंग से न केवल लिखना चाहिए, बल्कि आन्दोलन चलाने की दिशा में भी बढ़ना चाहिए। तभी वे जनता से जुड़ने के अपने दायित्व निभा सकते हैं। हिन्दी में अभी भी पूर्वोत्तर के सम्बन्ध में सही लेखन की कमी है, यह हिन्दी के लिए भी चिन्ता का विषय है, क्योंकि उसे अपनी जिम्मेदारी निभाने के लिए बने बनाए वृत्त से बाहर आना ही होगा। मणिपुरी के लेखक अपनी जिम्मेदारी खतरा उठाकर भी निभा रहे हैं, इसके लिए उनकी सराहना होनी चाहिए।

इस आलेख में चुने गए दोनों उपन्यासों के तुलनात्मक अधययन से भारतीय भाषाओं के कथा-साहित्य वर्तमान सरोकारों की दिशा को पहचाना जा सकता है। ध्यान से देखने पर पता चलता है कि कथाकार राजनीति, शासन और समाज की गतिविधियों को केवल देख ही नहीं रहे हैं, जिनसे समाज में व्याप्त असंतोष और विद्रोह की जड़ों तक पहुँचा जा सके। उनका यह कार्य राजनीति को कार्यनीति निर्धारित करने में सहायता पहुँचा जा सकता है।

सन्दर्भ

1. पोकनफम, संपादन एवं प्रकाशन-गोपाल शर्मा, अंक-35, संख्या-175, 8 अगस्त, 2010
2. South Asia's Fractured Frontier, Binalakshmi Nepram, First Edition 2002, page-76-77
3. लैकङ्ला, वरकन्या, संस्करण-2006, प्रस्तावना
4. जहाँ बाँस फूलते हैं, श्री प्रकाश मिश्र, संस्करण-1997, पृ. 67
5. वही, पृ. 145
6. लैकङ्ला, वरकन्या, संस्करण-2006, पृ. 48
7. वही, पृ. 22
8. वही, पृ. 146
9. वही, पृ. 13
10. वही, पृ. 12
11. वही, पृ. 3
12. जहाँ बाँस फूलते हैं, श्री प्रकाश मिश्र, संस्करण-1997, पृ. 294
13. South Asia's Fractured Frontier, Binalakshmi Nepram, First Edition 2002, page-76-77

14. लैकइ्ला, वरकन्या, संस्करण-2006, पृ. 106
15. वही, पृ. 24
16. वही, पृ. 100
17. जहाँ बाँस फूलते हैं, श्री प्रकाश मिश्र, संस्करण-1997, पृ. 119
18. लैकइ्ला, वरकन्या, संस्करण-2006, पृ. 109
19. वही, पृ. 101-102
20. जहाँ बाँस फूलते हैं, श्री प्रकाश मिश्र, संस्करण-1997, पृ. 120
21. लैकइ्ला, वरकन्या, संस्करण-2006, पृ. 153
22. वही, पृ. 147
23. जहाँ बाँस फूलते हैं, श्री प्रकाश मिश्र, संस्करण-1979, पृ. 299
24. South Asia's Fractured Frontier, Binalakshmi Nepram, First Edition 2002, page-187,188.189.
25. जहाँ बाँस फूलते हैं, श्री प्रकाश मिश्र, संस्करण-1997, पृ. 26
25. लैकइ्ला, वरकन्या, संस्करण 2006, पृ. 128
27. वही, पृ. 128-129

●●●